# AS ORGANIZAÇÕES INVISÍVEIS

# LUIS ADONIS CORREIA
*Professor credenciado da Universidade Federal Fluminense*

# AS ORGANIZAÇÕES INVISÍVEIS

## O PODER DAS HISTÓRIAS E A RETÓRICA DA GESTÃO

ALTA BOOKS
GRUPO EDITORIAL
Rio de Janeiro, 2023

## As Organizações Invisíveis

Copyright © 2023 da Starlin Alta Editora e Consultoria Eireli.
ISBN: 978-85-508-2045-3

Impresso no Brasil — 1ª Edição, 2023 — Edição revisada conforme o Acordo Ortográfico da Língua Portuguesa de 2009.

Todos os direitos estão reservados e protegidos por Lei. Nenhuma parte deste livro, sem autorização prévia por escrito da editora, poderá ser reproduzida ou transmitida. A violação dos Direitos Autorais é crime estabelecido na Lei nº 9.610/98 e com punição de acordo com o artigo 184 do Código Penal.

A editora não se responsabiliza pelo conteúdo da obra, formulada exclusivamente pelo(s) autor(es).

**Marcas Registradas:** Todos os termos mencionados e reconhecidos como Marca Registrada e/ou Comercial são de responsabilidade de seus proprietários. A editora informa não estar associada a nenhum produto e/ou fornecedor apresentado no livro.

**Erratas e arquivos de apoio:** No site da editora relatamos, com a devida correção, qualquer erro encontrado em nossos livros, bem como disponibilizamos arquivos de apoio se aplicáveis à obra em questão.

Acesse o site www.altabooks.com.br e procure pelo título do livro desejado para ter acesso às erratas, aos arquivos de apoio e/ou a outros conteúdos aplicáveis à obra.

**Suporte Técnico:** A obra é comercializada na forma em que está, sem direito a suporte técnico ou orientação pessoal/exclusiva ao leitor.

A editora não se responsabiliza pela manutenção, atualização e idioma dos sites referidos pelos autores nesta obra.

---

Dados Internacionais de Catalogação na Publicação (CIP) de acordo com ISBD

C824o   Correia, Luis Adonis
          As Organizações Invisíveis: o poder das histórias e a retórica da gestão / Luis Adonis Correia. – Rio de Janeiro : Alta Books, 2023.
          224 p. ; 15,7cm x 23cm.

          Inclui índice e bibliografia.
          ISBN: 978-85-508-2045-3

          1. Gestão. 2. Empreendedorismo. I. Título.

2023-1006                                    CDD 658.401
                                             CDU 658.011.2

Elaborado por Odilio Hilario Moreira Junior – CRB-8/9949

Índice para catálogo sistemático:
1. Administração : gestão 658.401
2. Administração : gestão 658.011.2

---

**Produção Editorial**
Grupo Editorial Alta Books

**Diretor Editorial**
Anderson Vieira
anderson.vieira@altabooks.com.br

**Editor**
José Ruggeri
j.ruggeri@altabooks.com.br

**Gerência Comercial**
Claudio Lima
claudio@altabooks.com.br

**Gerência Marketing**
Andréa Guatiello
andrea@altabooks.com.br

**Coordenação Comercial**
Thiago Biaggi

**Coordenação de Eventos**
Viviane Paiva
comercial@altabooks.com.br

**Coordenação ADM/Finc.**
Solange Souza

**Coordenação Logística**
Waldir Rodrigues

**Gestão de Pessoas**
Jairo Araújo

**Direitos Autorais**
Raquel Porto
rights@altabooks.com.br

**Assistentes da Obra**
Ana Clara Tambasco
Erick Brandão

**Produtores Editoriais**
Illysabelle Trajano
Maria de Lourdes Borges
Paulo Gomes
Thales Silva
Thiê Alves

**Equipe Comercial**
Adenir Gomes
Ana Claudia Lima
Andrea Riccelli
Daiana Costa
Everson Sete
Kaique Luiz
Luana Santos
Maira Conceição
Nathasha Sales
Pablo Frazão

**Equipe Editorial**
Andreza Moraes
Beatriz de Assis
Beatriz Frohe
Betânia Santos
Brenda Rodrigues

Caroline David
Elton Manhães
Gabriela Paiva
Gabriela Nataly
Henrique Waldez
Isabella Gibara
Karolayne Alves
Kelry Oliveira
Lorrahn Candido
Luana Maura
Marcelli Ferreira
Mariana Portugal
Marlon Souza
Matheus Mello
Milena Soares
Patricia Silvestre
Viviane Corrêa
Yasmin Sayonara

**Marketing Editorial**
Amanda Mucci
Ana Paula Ferreira
Beatriz Martins
Ellen Nascimento
Livia Carvalho
Guilherme Nunes
Thiago Brito

---

**Atuaram na edição desta obra:**

**Revisão Gramatical**
Simone Souza
Thamiris Leiroza

**Diagramação**
Rita Motta

**Capa**
Rita Motta

Editora afiliada à: ABDR — ASSOCIAÇÃO BRASILEIRA DE DIREITOS REPROGRÁFICOS

ASSOCIADO CBL Câmara Brasileira do Livro

**ALTA BOOKS**
GRUPO EDITORIAL

Rua Viúva Cláudio, 291 — Bairro Industrial do Jacaré
CEP: 20.970-031 — Rio de Janeiro (RJ)
Tels.: (21) 3278-8069 / 3278-8819
www.altabooks.com.br — altabooks@altabooks.com.br
**Ouvidoria:** ouvidoria@altabooks.com.br

*Agradeço às minhas primeiras contadoras
de histórias — bisavó, avó e mãe —
que fizeram, cada uma do seu jeito,
um mundo mais interessante.*

*Para minhas melhores histórias,
Mariana e Daniel.*

# SUMÁRIO

**PREFÁCIO** .................................................................................. 1

    Narrativas e organizações ........................................... 2
    *(por Lívia Barbosa, antropóloga)*

**PROPOSIÇÃO** ............................................................................ 7

**PARTE 1.  ALINHAMENTO CONCEITUAL** ................................... 11

    O espaço das histórias ............................................... 12
    Histórias, narrativas e identidades ......................... 15
    Do uso de *storytelling* ............................................... 18
    Da retórica ................................................................... 26
    A tradição oral ............................................................ 29

**PARTE 2.  NO CONTEXTO DA FALA E DA ESCUTA** .................... 41

    Dimensão simbólica ................................................... 42
    Estado da língua ......................................................... 47
    A involução silenciosa ............................................... 49
    O grupo fala ................................................................ 51
    Quase alfabetizado .................................................... 53

|  | Escuta profunda ...................................................................... 56 |
|  | Mundo sônico............................................................................ 61 |

**PARTE 3. INVISIBILIDADE, IMATERIALIDADE E MUDANÇA .........................67**

A invisibilidade das organizações ......................... 68
Histórias no mundo digital ..................................... 80
Transportação narrativa............................................ 84
Trabalho imaterial....................................................... 90
Linguagem como dimensão do trabalho imaterial ... 98
Abordagem discursiva e mudança organizacional ... 103
Competência intercultural ....................................... 108

**PARTE 4. CRÔNICAS DA LÍNGUA ............................................................ 115**

A palavra que se emprega .......................................116
O que se chama trabalho ..........................................118
Um novo e falso Esperanto ..................................... 120
Agilizando .................................................................... 123
Com quem se fala ...................................................... 126
O discurso midiático.................................................. 128

**PARTE 5. SOBRE *AS CIDADES INVISÍVEIS* ................................................ *133***

Contextualização ...................................................... 134
Análise estrutural ..................................................... 135
Calvino e suas circunstâncias ............................. 146

**PARTE 6. REGISTROS FUGAZES............................................................... 185**

**BIBLIOGRAFIA ............................................................................................201**

**ÍNDICE ........................................................................................................207**

# PREFÁCIO

# NARRATIVAS E ORGANIZAÇÕES

"Quem era o contador ou a contadora de histórias na sua família? Sua mãe, uma tia ou seu pai?" Com essa pergunta, um professor de escrita criativa deu início a sua primeira aula para um grupo de pessoas interessadas em escrever sobre temas diversos, livres das amarras das referências acadêmicas, que nos levam a legitimar tudo o que foi dito, a partir do dito por outrem, com nome, data e lugar.

A partir daquela pergunta, surpreendi-me não só procurando identificar quem contava, mas, também e principalmente, as histórias que me foram contadas de forma sistemática ao longo da minha infância e juventude. Surpreendi-me, igualmente, mapeando as "lições e ensinamentos", em suma as moralidades explícitas e implícitas, que aquelas histórias procuravam incutir sobre as origens, as identidades e os valores familiares através dos relatos vívidos de acontecimentos passados. Identifiquei heróis e vilões, personagens recorrentes e "lições" que até hoje me vejo refletindo sobre e repetindo, algumas para meus descendentes. Mas, mais do que tudo, interrogo-me o quanto aquelas histórias conseguiram articular as representações propostas por elas sobre o mundo e as ações individuais com a minha experiência vivida e me fizeram quem hoje sou.

Esta experiência universal dos grupos de falarem sobre o que julgam ser, como desejam ser percebidos e avaliados e como estruturam a realidade material à sua volta através de diferentes modalidades de narrativas, é traduzida de forma clara, objetiva e atualizada no âmbito do universo organizacional neste texto de Luis Adonis, sobre *As Organizações Invisíveis — o Poder das Histórias e a Retórica da Gestão*.

De forma didática, o autor organiza um caminho de leitura ao longo do qual analisa as distintas formas de comunicação que integram os processos de trabalho, e constituem o cerne do espaço de interação, daquilo que chamamos de organização, e o que esta pretende em termos de consolidação de uma unidade e de um futuro. Mas por que essas histórias e narrativas importam? Porque "a fala exerce poder na vida das pessoas", como a frase de Gilles Deleuze (1925–1995), citada pelo autor indica. E que poder!

A fala, não custa pontuar enfaticamente, nunca é "inocente ou independente". Fala-se, sempre, em um determinado contexto, inserido em uma dimensão geográfica e temporal específica, para uma determinada audiência e com algum objetivo em mente, mesmo que todas as dimensões desta fala e suas diversas intencionalidades não estejam claras e explicitadas, tanto para quem fala quanto para aqueles que a escutam. Portanto, discursos, narrativas orais e escritas, *storytelling*, entre outros, são diferentes formatos de comunicação através dos quais sociedades, grupos e instituições procuram transmitir ensinamentos, moralidades e valores a audiências específicas, tenham estas uma dimensão restrita ou globalizada, como hoje a tecnologia permite. São, portanto, instrumentos poderosos e direcionados de transmissão cultural. E, embora milenares no contexto da trajetória humana, adquiriram novas roupagens e formatos específicos, como é o caso de *storytelling* e *deep listening*.

Essas formas de comunicação, com começo, meio e fim, heróis e vilões, êxitos e fracassos, que sempre reforçam os êxitos, são fundamentais, como argumenta Luis Adonis, para a compreensão da cultura organizacional. A retórica gerencial que envolve esses diferentes formatos de "contar" sobre os acontecimentos e o mundo objetivam captar nossos corações e nossas mentes, mobilizando-nos para a reflexão e ação consciente. Mas, vale lembrar, como pontua o autor, que não só as narrativas conscientemente propostas importam. As não contadas, as escondidas, também são valiosas, pois o significado das coisas emerge, como a antropologia nos ensina, justamente do jogo entre o explícito e o implícito. Assim as narrativas ocultas precisam emergir, para "permitir formas alternativas de coautoria e reconstrução das organizações".

De tudo o que ouvimos, retemos apenas uma parte, aquilo que desejamos, "Quem comanda a narração não é a voz: é o ouvido", como afirma Marco Polo, um dos personagens centrais da obra de Italo Calvino, *As Cidades Invisíveis*, utilizada por Luis Adonis em seu texto, como inspiração para nos fazer refletir sobre o poder das narrativas. E essa observação de Italo Calvino, através de Marco Polo, convida-nos a pensar que aquilo que selecionamos e aquilo que esquecemos é um ato de poder e política. E, como tal, as narrativas não são apenas a descrição de uma sequência de eventos. São sempre nos ofertadas dentro de invólucros retóricos, cujo objetivo é captar nossos corações e nossas mentes e nos mobilizar para a ação. Portanto, devemos estar atentos e não confundir as representações que as narrativas organizacionais nos oferecem sobre a própria organização.

O mundo mudou. As narrativas não ocorrem mais em torno de uma fogueira como na tradição africana, ou em rituais familiares no qual o passado é mais uma vez passado a limpo e apresentado como a garantia do sucesso futuro. Como é então contar histórias, narrar, em um ambiente tecnológico e globalizado? Onde o trabalho material da produção de mercadorias mudou para o trabalho imaterial da produção de conhecimento, onde organizações abrangem diferentes territórios nacionais e onde competência intercultural é um valor gerencial? Esses desafios são enfrentados um a um ao longo do texto de Luis Adonis, a partir de um estilo próximo ao leitor, que nos engaja e mobiliza para outras reflexões. Foi comigo assim, tenho certeza de que será para você também.

*Lívia Barbosa, antropóloga.*

# PROPOSIÇÃO

*As Organizações Invisíveis — O Poder das Histórias e a Retórica da Gestão* revela e analisa o contexto de formas de comunicação que não somente fazem parte dos processos de trabalho, mas constituem a essência do espaço de interação, o qual chamamos de organização.

Este trabalho mostra a construção de uma retórica da gestão, que busca envolver e mobilizar os profissionais e os públicos de uma organização. Com a análise de *storytelling*, escuta ativa e simbologia, observa-se que essa retórica tem um impacto concreto em processos de mudança e envolvimento, ainda que por meio de processos invisíveis, abstratos. Como afirmava o filósofo francês Gilles Deleuze (1925–1995), "a fala exerce poder na vida das pessoas".

Os espaços de produção, interpretação e mediação de histórias nos permitem explorar como uma narrativa articula ideias sobre identidade, sobre autocompreensão do sujeito e sobre as relações e práticas sociais.

As narrativas organizacionais devem ser exploradas para a compreensão da cultura organizacional. Os gestores adotam uma retórica que, em princípio, representa as crenças organizacionais, o que é considerado certo, o que é permitido e o que é possível. São crenças respaldadas pela linguagem e assim incorporadas.

O contexto abordado, que abrange ainda aspectos de linguagem, trabalho imaterial e invisibilidade das organizações, é alvo também de uma análise pautada pelo clássico *As Cidades Invisíveis*, de Italo Calvino (1923–1985).

Nesse clássico da literatura, o imperador tártaro Kublai Khan, tendo cada vez mais poder e conquistas, já não consegue ver nem conhecer a extensão de seu império. Conta então com os relatos do viajante veneziano Marco Polo para conhecer e compreender o que possui de fato.

O domínio se concretiza por meio do discurso. Mas, analogamente ao que alertava o próprio Marco Polo — "não se deve confundir uma cidade com o discurso que a descreve" —, **não devemos confundir a organização com o discurso que a descreve.**

Ao perscrutar essa obra de Calvino, percebem-se temas essenciais, caros ao entendimento que uma organização é, em sua essência, comunicação.

# 1

# ALINHAMENTO CONCEITUAL

# O ESPAÇO DAS HISTÓRIAS

Os espaços de produção, interpretação e mediação de histórias nos permitem explorar o modo pelo qual uma narrativa, entendida como mecanismo de compreensão de si mesmo e dos outros, articula ideias sobre identidade, autocompreensão do sujeito e sobre as relações e práticas sociais.

As narrativas organizacionais devem ser exploradas para a compreensão da cultura organizacional. Os gestores constroem a narrativa que, em princípio, representa a organização. O contexto social apresenta crenças e ideias tidas como certas ("o jeito que as coisas são") e dita o que é permitido, o que é possível nas organizações.

Mas isso precisa ser reavaliado. As histórias escondidas ou não contadas precisam emergir, como formas alternativas de coautoria e reconstrução de organizações.

A maneira como falamos, pensamos e agimos na organização é moldada por histórias e grupos que muitas vezes tomam como certo as coisas serem do jeito que são. São crenças respaldadas pela linguagem e assim incorporadas.

A linguagem que herdamos é o contexto no qual as ideias não existem na mente até serem transformadas em discurso.

Herda-se um vocabulário que é uma maneira de ser. Assim, é a linguagem que nos fala, em vez de falarmos nossa língua. A maneira de falar e ser nos precede.

Esse quadro traz implicações para as exigências da gestão do trabalho organizacional. O significado que damos a respeito de nossas próprias identidades, papéis, tarefas e gestão é formado por diferentes ideias e crenças que convivem nas organizações.

A escritora nigeriana Chimamanda Adichie, falando sobre o poder das histórias, destaca o perigo da história única, sob uma única perspectiva. Isso é algo para o qual lideranças deveriam atentar. Recordemos o *groupthink* — o modo de pensar que ocorre quando o desejo por harmonia em um processo de tomada de decisão se sobrepõe a uma avaliação realista das alternativas existentes.

*Groupthink* não é uma conformidade instintiva, mas racionalizada. Um esforço buscando uma unanimidade para eliminar o conflito, que se sobrepõe a qualquer iniciativa ou motivação para analisar realisticamente uma alternativa.

## OUTRAS PALAVRAS

O vocabulário pode traduzir classes dentro das organizações não somente pelo uso de palavras e expressões específicas referentes a técnicas, ferramentas, atribuições etc., mas também pelo emprego de palavras comuns.

No Brasil, por exemplo, ao se descrever o trabalho, caracterizar uma função ou o "estar na empresa", aparecem nas narrativas do chão de fábrica as palavras "digno" ("trabalho digno"), "dignidade". Trabalhadores do chão de fábrica usam "digno" como sinônimo de decente, de honesto, não como um sinônimo de meritório ou louvável. Digno e dignidade, com essa utilização, inexiste (no sentido de não ser utilizado) no vocabulário de níveis gerenciais mais altos para descrever ou caracterizar o trabalho referente ao cargo.

A terapeuta de narrativas Chené Swart, da África do Sul, autora do livro *Re-Authoring The World: The Narrative Lens and Practices for Organisations, Communities and Individuals*, trabalha com indivíduos, grupos e comunidades, repensando a forma destes de estar no mundo. Adota a abordagem narrativa para compreender realidades e lograr a participação e a responsabilidade destes junto aos espaços com os quais se conectam.

Ela relatou observações que contribuíram para sua abordagem e eu as repasso a seguir.

Primeiro foi seu colega Jeff Zimmerman que, em sua terapia neuronarrativa, no lugar da pergunta dirigida ao grupo "Conte-me uma história a respeito de...", utilizava "Conte-me sobre um momento em que...". A menor unidade da história é o momento. Mais tarde, Jeff comentou que a questão inicial poderia ainda ser um convite para relatar uma experiência, sem que esta fosse realmente sentida, revivida. A pergunta por ele sugerida agora é "Conte-me sobre um momento que foi realmente sentido" (*"tell me about a heartfelt moment"*). Isso traz novamente a pessoa de volta, a coloca como parte da resposta.

Depois foi a vez de Griet Bouwen que, aprofundando a questão, sugeriu, no lugar de "contar sobre um momento", a expressão "Leve-me para um momento em que...". Momentos são portais para histórias, portanto é importante que nós não apenas contemos sobre um momento, mas também levemos pessoas conosco ao descrever esse momento, com todos os nossos sentidos e imaginação. É como um convite.

O convite está feito.

## HISTÓRIAS, NARRATIVAS E IDENTIDADES

Uma história é, em termos mais simples, uma sequência de eventos. Então, ao pensar em uma história, pensamos em um conjunto de eventos relevantes em ordem cronológica.

O conceito de narrativa trata mais de como os eventos são contados, de como se dá a ordenação de eventos em um formato consumível.

Numa metáfora que vem sendo utilizada, se a história é uma pérola, então a narrativa é o colar de pérolas. É o que liga os pontos. A narrativa usa uma série de histórias para ilustrar, animar e validar uma mensagem.

A narrativa de uma marca é o esclarecimento (uma resposta) não para o que a organização faz, mas por que razão a organização faz. No mercado consumidor de hoje, as pessoas não compram, somente, o que a organização produz, mas a razão pela qual a organização produz.

As narrativas descrevem o que é possível no futuro, enquanto as histórias representam eventos passados sobre locais, personagens, conflitos e resoluções.

História é o que dizemos um ao outro; narrativa é o que acreditamos.

Essa descrição é muito pertinente, porque a história de algo é uma sequência mais objetiva de eventos e ações, que pode ser contada de muitas perspectivas diferentes. A perspectiva que se adota, ou a perspectiva em que se acredita, é uma narrativa específica.

Pode haver muitas narrativas diferentes na mesma história — especialmente, histórias interessantes com múltiplos narradores, como no clássico *Rashomon*, do diretor japonês Akira Kurosawa (1910–1998).

Na narrativa, falamos sobre o ponto de vista do narrador, ou seja, é uma narração da perspectiva de alguém ou de um narrador onisciente. São estilos diferentes de narração, que afetam como e no que você acreditará sobre a história. Afetam a maneira como você vive a história e podem produzir crenças diferentes, incluindo o caso de um narrador não confiável.

Pensar na narrativa como "aquilo em que acreditamos" também faz sentido em um determinado *Zeitgeist* (espírito de uma época, contexto cultural): a narrativa cultural nos EUA é uma, na China, outra, na Europa, outras. Isso exemplifica efetivamente, como diferentes culturas acreditam em diferentes perspectivas de uma mesma história.

## IDENTIDADES COLETIVAS

Para a análise de uma abordagem narrativa como a que se propõe, convém também alinhar o conceito de constructos e identidades coletivas.

Constructo é um modelo criado mentalmente para compreender uma teoria, compreender a realidade derivada de observações e percepções resultantes de experiências.

Identidades coletivas, numa organização, são os constructos discursivos (linguísticos) constituídos por múltiplas narrativas, relativas a suas identidades, cujos participantes são seus autores, por meio de documentos, conversas e mídia eletrônica.

As identidades coletivas são a totalidade de tais narrativas, apresentando, portanto, uma natureza complexa, geralmente fragmentada e heterogênea.

Buscar homogeneizar identidades coletivas ao enfatizar o que estas têm em comum, ou o que compartilham, não funciona para capturar a interação entre diferentes comunidades e grupos dentro das organizações.

O que se deve buscar, respeitando-se a natureza dessas identidades, é reflexão, voz, pluralidade, temporalidade e ficção para o entendimento de identidades coletivas como lugares de expressão, pleitos e reivindicações, mesmo concorrentes.

Uma abordagem narrativa tem suas limitações e é importante que se use outros meios de interpretação, outra perspectiva. Afinal, de que forma uma abordagem narrativa pode contribuir para o entendimento de uma identidade coletiva?

A identidade organizacional se vincula a temas como imagem e reputação, tomada de decisão, identificação, cultura organizacional e legitimidade. Estudos apontam que a identidade de uma organização é o que há de central, distinto e duradouro, embora isso possa se alterar.

Uma perspectiva narrativa para a compreensão das identidades coletivas viabiliza a percepção e interpretação de manifestações de pluralismo e subjetividade que traduzem a organização.

## DO USO DE *STORYTELLING*

> *"Storytelling revela o significado sem cometer o erro de defini-lo."*
> Hannah Arendt

*Storytelling* tem se destacado em grupos humanos, sociedades e organizações. São narrativas com roteiro, personagens e alterações que trazem pelo menos um significado. Histórias exitosas têm começo, meio e fim. Enquanto algumas são pura ficção, outras são inspiradas por eventos reais.

Histórias transmitem um julgamento moral, com protagonistas nos papéis de herói, vilão, sobrevivente, tolo, vítima. São capazes de estimular fortes emoções, despertar solidariedade, raiva, ansiedade, medo etc.

O psicólogo estadunidense Howard Gardner, com inúmeros trabalhos em psicologia cognitiva e educacional, argumenta que contar histórias é uma das coisas mais importantes que gestores devem fazer. Muito da efetividade em inspirar os demais decorre do poder das histórias que são contadas e de que forma estas incorporam suas vidas.

Histórias importam porque nos ajudam a perceber, com coração e mente, o sentido das experiências pelas quais nós passamos e outros passaram, muitas vezes em outra ambiência de rotinas e hábitos. Isso nos ajuda em processos de mudança.

Além de entreter, consolar, divertir, alertar, histórias nos ajudam a expressar emoções diversas.

Quando outras formas de entretenimento surgiram, em função da energia elétrica, não foram poucos os que acharam que a prática de contar histórias poderia acabar. Diferentes meios de comunicação tornaram-se facilmente disponíveis, a informação era rápida e confiável, mas o avanço científico não acabou com a prática. Hoje, acadêmicos e lideranças redescobrem o poder de *storytelling*.

Destaco que histórias são formas vitais de construção de identidades individuais, grupais e organizacionais, sustentando os vínculos que se formam com as comunidades com as quais as compartilhamos.

A disponibilidade imediata de dados e informação que há atualmente, longe de enfraquecer o poder de *storytelling*, acabou por reforçar essa prática. Enquanto nos afogamos com fatos, informações, gráficos e PowerPoints, as histórias cortam caminho.

São um atalho para transmitir significado de forma muito veloz e econômica.

Na ocorrência de um problema de gerenciamento, é bastante efetivo procurar por alguém que tenha passado por isto para resolver a situação. Aprende-se a partir da experiência. Quando há situações extremas como crises financeiras ou acidentes de trabalho, as histórias *proveem* uma forma pela qual se pode expressar e ouvir o que é compartilhado. Apoiam nosso processo individual e coletivo de dar significado às coisas — o processo de significação.

Consultorias têm adotado essa prática e, embora pareça algo mais recente, há de se lembrar que o livro *Em Busca da Excelência* (*In Search of Excellence*, de Tom Peters & Robert Waterman) foi lançado em 1982 e continha 137 histórias de sucesso e fracasso nos negócios, algumas das quais também contadas em um vídeo sobre o livro.

Não é surpresa que gurus estejam caminhando por veredas de *storytelling*: muitos se acham o salvador e então se lembram das parábolas como um conjunto de histórias que, mesmo entre não crentes, não perdeu força ao longo dos séculos.

Histórias nos capacitam a compartilhar não somente informação e conhecimento, mas também emoções e uma visão moral, de forma simples, não custosa e efetiva.

*Fala-se muito em comunidades de prática, grupos de pessoas que compartilham os mesmos pontos de vista e questões. São, em sua maioria, grupos profissionais e ocupacionais ou pessoas compartilhando hobbies e interesses. Com tais comunidades, grande parte de conhecimento é transferido. Como esse conhecimento não é científico, ou seja, não pode ser codificado em leis de generalização e fórmulas, assume o formato de histórias, prescrições e registros de experiências. Dentro de comunidades de prática, storytelling é a moeda corrente e apresenta fatos na forma de experiências, e não na forma de informação.*

Histórias vasculham o subjetivo, o íntimo. Aprender a partir das histórias dos outros é o que se chama de conhecimento narrativo. Uma descoberta importante é que muitos profissionais cuja *expertise* advém de disciplinas técnicas também fazem uso em suas práticas profissionais.

A utilização dessa prática se alastrou bastante e, em muitas pesquisas sociais e projetos acadêmicos, *storytelling* organizacional aparece regularmente como "dados" de análise, permitindo a acadêmicos e outros profissionais o aprofundamento em aspectos culturais, políticos e emocionais da vida nas organizações.

As histórias contadas pelas pessoas são uma forma de entendimento de como elas percebem suas experiências, como estas fazem sentido, tentando incorporá-las em suas vidas, sustentando suas identidades. Depoimentos de profissionais que conduzem pesquisas organizacionais destacam que o uso de *storytelling* tem aberto caminhos em aspectos profundos da experiência humana que outros métodos de pesquisa talvez não pudessem emular.

Ouvir atentamente histórias pode nos ensinar muito sobre diferentes organizações, suas culturas, políticas e desafios. De modo geral, aprender a trabalhar com histórias, ouvi-las, contá-las, questioná-las e traduzi-las é uma maneira efetiva de aumentar nossa capacidade como gestores, líderes, comunicadores e pesquisadores.

## ALERTA SOBRE O USO

*Storytelling* hoje corre o risco de pegar o trem rumo à banalização e ainda se sentar ao lado do coaching, que ainda viaja na janela. O que esses companheiros de viagem teriam em comum para se encontrarem próximos e em direção a um mesmo e lamentável destino?

Ambas as práticas são descritas muitas vezes por conceitos sem um rigor técnico, o que favorece a percepção de que foram plenamente compreendidas. Podem ser adotadas em qualquer nível hierárquico e se referem analogamente também a experiências externas ao ambiente organizacional, o que lhes confere abrangência em sua aplicação.

Não se impondo pelo embasamento teórico, mas pela intenção — aliás, sempre boa — essas práticas não são nocivas e não possuem contraindicação, ao contrário de "reengenharia", por exemplo. Pode parecer pouco, mas não se deve subestimar essa característica. Lembremos que o juramento dos formandos de medicina (pelo menos o de Hipócrates, no original em latim) apresenta a seguinte recomendação sobre a conduta médica: em primeiro lugar, não ser nociva, não causar mal. E, como se sabe, medicina é uma ciência. Até o momento, pelo menos.

A difusão de *storytelling* deu margem a que palestrantes sem bagagem conceitual nem vivência empresarial de peso — que substituíram a discussão relevante de temas organizacionais por um show do intervalo sem os gols da rodada — encontrem nesta prática uma oportunidade de retomar o fôlego para nadar de braçada nos mares do negócio de palestras "motivacionais".

Essa utilização indevida ocorre da seguinte maneira: o palestrante fala da força emocional que está em "contar histórias". Querem provar quão poderosa é uma mensagem passada com emoção, o quanto se consegue alcançar com sua utilização. Então contam uma história de um objetivo que precisava ser alcançado, mas que isso só foi possível depois de "trocar as informações frias por uma história bem contada". Essa história, costumeiramente apelativa, leva os seguintes ingredientes: uma medida a ser aprovada, uma criança (Joãozinho, Mariazinha ou Pedrinho), um caso de doença ou morte, uma falsa engasgada do palestrante (achei inicialmente que fosse um chiclete) para se mostrar tocado com a situação, e então o final desejado: uma aprovação obtida devido à força emocional da história. No fechamento, a cereja no chantili: "Viu como *storytelling* é poderosa?" Realmente, é de chorar.

Embora muitas vezes venha sendo apresentada com tal pieguice e sem profundidade, a técnica de *storytelling* tem valor porque permite que uma narrativa seja entendida como mecanismo de compreensão de si mesmo e dos outros, que articula ideias sobre identidade, sobre relações sociais e sobre os espaços onde estas ocorrem. E, nesses espaços, as práticas discursivas implicam, sim, jogos de poder.

## STORYTELLING COM FILTRO

Conhecemos o mundo por meio de modelos mentais, quadros de referência e filtros de diversas origens, que condicionam nossa percepção da realidade. Condicionam também os entendimentos formados individualmente.

Colocam-se em perspectiva, portanto, as versões e possibilidades apreendidas por cada um. Isso nos leva a refletir que, nas organizações, lidamos com isso implicitamente, tanto nas conexões externas (mercado, cliente, fornecedor) como nas conexões internas (estrutura, controle etc.).

Uma organização mais focada em comunidades virtuais (de colaboradores e de consumidores) do que em estruturas físicas (localização geográfica e infraestrutura), tem uma dinâmica mais reconfigurável, mais orgânica.

O "outro" (conexão externa) exerce uma enorme influência ao se estabelecer uma empresa, ao se pensar uma estratégia, ao se conduzir um projeto, ao se adotar uma ação para o mercado.

Mas que conhecimento se possui acerca desse "outro"? Quem realmente é? O que pensa? Quantos são? Que grupamentos ou categorizações são possíveis?

Estariam os gestores de tais organizações — mesmo já influenciados por novos filtros e referências — cientes das competências gerenciais que esse quadro demanda?

*O semiólogo e crítico francês Roland Barthes (1915–1980) defendia que o significado de uma obra de arte (música, texto, arte visual, arte dramática etc.) não está plenamente definido pelo autor no momento de sua criação. O significado estaria "adormecido" na obra até o momento em que esta fosse apreciada pelo público. O significado está mais nas conexões que cada leitor faz entre a obra e seus próprios filtros e referências, do que na expectativa, ou pretensão, do autor.*

Com o deslocamento de significado do autor para o público, há uma prevalência da interpretação individual sobre o discurso coletivo. Ao se interpretar a realidade, as "grandes narrativas" (utopias, ideologias) se pulverizam, dando espaço e relevância para a visão individual.

Numa perspectiva antropológica, isso representa não somente uma fragmentação da cultura, mas também o crescimento do individualismo. Já numa perspectiva política, correntes ideológicas em confronto, tentando reacomodar as novas referências, na busca por novos polos de atração que reúnam "alguma" coletividade (ecologia, espiritualidade, consumismo).

Transpondo essa questão para o meio organizacional, de negócios, independentemente de qualquer juízo de valor, estamos diante de um novo cenário que pode ocultar questões críticas, questões que, devido a nosso modelo mental, filtros e referências, possam ser negligenciadas. É preciso estar atento e forte. E ter consciência crítica.

## DA RETÓRICA

A retórica, entendida brevemente como um conjunto de recursos e regras de expressão, da forma de discursos, é a mais antiga das tradições na teoria da comunicação.

Aristóteles escreveu *A Retórica* há mais de 2300 anos, dando-nos o primeiro tratamento sistemático da psicologia humana. Ele morava em Atenas, uma das cidades-estado democráticas da Grécia antiga, onde os cidadãos declaravam publicamente seus casos em assembleias e tribunais.

Alarmado com o fato de alguns usarem a oratória para ganho pessoal e não para o bem público, Aristóteles examinou como os oradores persuadiam o público, para conceber uma teoria e um método de discurso público racional.

A tradição retórica teoriza a comunicação como a arte prática do discurso e como a persuasão é realizada.

Atualmente a frase "isso é apenas retórica" conota palavras vazias ou interesseiras, que exemplifica a mesma preocupação de Aristóteles com a oratória pública. A teoria retórica, desde os tempos clássicos até o presente, tem se preocupado com esse problema. Os teóricos retóricos, incluindo aqueles que estudam retórica organizacional, examinam os processos pelos quais um retórico (orador) e seus ouvintes se movem em direção uns aos outros e encontram um terreno comum para seguir em frente.

Os estudos de retórica organizacional fazem distinção entre retórica externa (stakeholders externos, as partes interessadas fora da organização) e retórica interna (dirigida aos empregados da organização). Enquanto a retórica externa busca a criação e a manutenção da identidade pública da organização, para gerenciar problemas, riscos e crises, a retórica interna, por outro lado, visa alinhar os empregados com os valores e imperativos organizacionais para que sejam motivados a fazer suas tarefas.

A retórica interna presente nos rituais organizacionais é uma tentativa de buscar um terreno comum aos empregados e convencê-los a adotar os valores da empresa. A empresa se envolve em retórica externa quando a área de comunicação corporativa emite comunicados à imprensa, veicula informações nas redes sociais, com a esperança de que isso reforce positivamente a imagem da empresa como um ótimo local de trabalho que inspira seus profissionais.

A retórica oferece muitos caminhos para analisar os discursos ouvidos nos rituais organizacionais. A teoria clássica de Aristóteles, por exemplo, sustenta que os oradores devem criar um argumento persuasivo, organizar efetivamente seus pontos, um estilo apropriado, e entregá-los de maneira adequada, ao mesmo tempo que se baseia em uma memória de frases, histórias e ideias para dar corpo ao argumento de uma determinada ocasião, de um determinado público.

Para que sejam convincentes, os argumentos devem ser fundamentados na topologia mental de retórica e audiência.

Aristóteles também teorizou que os retóricos astutos podem empregar três tipos de provas: lógica (*logos*), emoção (*pathos*) e credibilidade do orador (*ethos*). Executivos que participam dos rituais organizacionais provavelmente utilizarão esses três tipos, afirmando como os profissionais leais são recompensados (lógica), como a dedicação destes é admirável (emoção) e como a gestão pode ser confiável, crível (credibilidade do orador).

Nas últimas décadas, o interesse acadêmico pela teoria retórica cresceu e as propostas para uma nova retórica ganharam ampla aceitação. A persuasão não pode ocorrer sem identificação e a tarefa do orador é a consubstanciação, um compartilhamento de substâncias, com o público.

Assim, os líderes da empresa só podem persuadir suas equipes para que sejam leais se esse público sentir que os executivos podem entender, se solidarizar com suas preocupações, demonstrar empatia. Alega-se que a persuasão não pode ocorrer sem presença. O orador deve destacar elementos sobre o que deseja centrar a atenção para que sua audiência ocupe o primeiro plano da consciência do ouvinte, contra a massa indiferenciada de elementos disponíveis para acordos organizacionais.

A gestão espera que seu apelo pela lealdade seja efetivo, mediante rituais, eventos, outras situações. Há um contraste entre um paradigma do mundo racional de persuasão (por meio da lógica) e um paradigma narrativo, no qual o público é persuadido por histórias que soam verdadeiras, devido a experiências vividas ou a razões validadas por suas comunidades.

> *A retórica será efetiva se os executivos puderem contar uma história que ressoe junto à vida dos profissionais de suas equipes. Estudiosos da retórica contemporâneos reconhecem a materialidade da retórica, porque atua na produção de julgamentos e na construção social de espaços.*

A retórica adotada nas organizações visa não apenas persuadir, mas estabelecer uma cultura organizacional cuja lógica favoreça a fidelização e o engajamento de seus profissionais.

## A TRADIÇÃO ORAL

O malinês Amadou Hampâté Bâ (1900–1991), um dos maiores pensadores da África no século XX, exortou a importância da transmissão oral no continente. Quando disse que "na África, cada ancião que morre é uma biblioteca que se queima", refletia sobre sua sensação ao ouvir um sábio africano relatar suas experiências. Um sentimento de livros se abrindo, dando voz às histórias e às tradições de inúmeras etnias.

Hampâté Bâ tem vínculo com a tradição oral do povo fula, a etnia com a maior comunidade de pastores nômades do mundo, que conduzem rebanhos pela savana africana. Trabalhou para que a oralidade africana fosse reconhecida e legitimada como fonte de conhecimento histórico e participou dos primeiros estudos sobre uso sistemático de fontes orais, como consta da publicação da Unesco, *História Geral da África*.

O mestre sufi Tierno Bokar, seu pai espiritual, dizia que "a escrita é uma coisa, e o saber, outra. A escrita é a fotografia do saber, mas não o saber em si. O saber é uma luz que existe no homem".

A fragilidade da civilização da oralidade e as rupturas na transmissão oral dos conhecimentos tradicionais não eram ignoradas por Hampâté Bâ. Ele publicou em francês, língua oficial do Mali, narrativas populares das etnias fula e bambara, de onde emergem representações históricas e culturais. Ele apresenta a oralidade como a transmissão de ensinamentos milenares, por meio de contos, poesias, provérbios. Seus significados servem como orientações para a vida de muitas sociedades africanas, onde crianças eram habituadas a observar e escutar tais narrativas com a máxima atenção.

Além da importância do caráter sociológico desses escritos, há de se ressaltar o aspecto autobiográfico desse ícone da transmissão oral. Hampâté comprovava, em suas próprias palavras, numa frase genial, a "oralidade deitada no papel".

## ORALIDADE NA TRADIÇÃO AFRICANA

Sem perscrutar, a história e o espírito dos povos africanos não será possível tratar da tradição oral africana. Hampâté destacava a necessidade de se apoiar numa herança de conhecimentos de toda espécie, "pacientemente transmitidos de boca a ouvido, de mestre a discípulo, ao longo dos séculos". É uma herança que ainda não se perdeu porque reside na memória da geração de grandes depositários, a memória viva da África.

> *Entre as nações modernas nas quais a escrita tem prevalência sobre a oralidade, sendo o livro o principal veículo da herança cultural, julga-se muitas vezes que povos sem escrita são povos sem cultura, um conceito infundado.*

Saber se é possível conceder à oralidade a mesma confiança que se concede à escrita, ao se tratar de testemunho de fatos passados, não é a maneira adequada de tratar dessa questão. Um testemunho, escrito ou oral, é um testemunho humano. Vale o que vale o homem. É da oralidade que nasce a escrita. As primeiras bibliotecas do mundo foram as mentes humanas. Antes de passar nossos pensamentos para o papel, mantemos um diálogo interior. Relatamos os fatos como nos foram narrados e, no caso de experiência própria, como as narramos. Assim sendo, nada prova que essa escrita é um relato da realidade mais fidedigno do que o testemunho oral transmitido de geração a geração. A escrita não está livre de paixões, interesses, de falsificações e alterações, intencionais ou não, como controvérsias sobre as "Sagradas Escrituras".

O testemunho consiste no valor do próprio homem, da cadeia de transmissão a qual pertence, da fidedignidade das memórias individual e coletiva e do valor atribuído à verdade em uma determinada sociedade. Isto é, a ligação entre o homem e a palavra.

*Nas sociedades orais, cuja função da memória é mais desenvolvida, a ligação entre o homem e a palavra é mais forte. Onde não existe a escrita, o homem está ligado à palavra que profere. Há esse comprometimento, homem e palavra. Ele é a palavra e a palavra encerra o testemunho daquilo que ele é.*

A coesão do relato, da sociedade, reside no valor e no respeito pela palavra, mas a escrita tem substituído a palavra falada, tornando-se a única prova, o único recurso, o único compromisso reconhecido. O laço sagrado de união entre o homem e a palavra desaparece para dar lugar aos títulos universitários convencionais.

A palavra falada trazia valor moral fundamental, empossava um caráter sagrado vinculado à sua origem divina e às suas forças ocultas. Não era utilizada sem a devida prudência.

> *A tradição oral abrange realidades, transmite conhecimentos, veicula ciências. Não se limita a histórias, lendas, relatos históricos e mitológicos. Contrariamente à mentalidade cartesiana que separa tudo em categorias, na tradição oral, o material e o espiritual não estão dissociados. Coloca-se ao alcance dos homens, de acordo com seus entendimentos e aptidões. É simultaneamente religião, conhecimento, ciência, história, arte e divertimento.*

Assim, a tradição oral conduz o homem à sua totalidade. A cultura africana não é algo abstrato, separado, uma vez que se liga ao comportamento cotidiano do homem e da comunidade, mas envolve uma visão do mundo, uma presença no mundo, concebido como um todo, "onde todas as coisas se religam e reagem".

A tradição oral é baseada na concepção do homem, do seu lugar e do seu papel no universo. Para estudá-la, é preciso retornar ao mistério da criação do homem, da instauração primordial da palavra. A tradição africana concebe a fala como um dom de Deus: "divina no sentido descendente e sagrada no sentido ascendente."

As tradições africanas possuem uma visão religiosa do mundo. O universo visível é percebido como a concretização de um invisível. Tudo se liga. O comportamento do homem em relação a si mesmo e ao mundo que o cerca (mundo mineral, vegetal, animal e a sociedade humana) se submete a um ritual que varia conforme as etnias e regiões.

A fala humana tem poder de criação, mas pode tanto criar a paz como destruí-la. Uma palavra pode desencadear uma guerra, assim como "um graveto em chamas pode provocar um grande incêndio".

Tendo o poder de criação, conservação e destruição, mas para que a fala produza efeito, as palavras devem ser entoadas ritmicamente. O movimento precisa de ritmo e a fala deve reproduzir a essência desse ritmo.

Nas canções rituais, a fala materializa a cadência. Considera-se que a fala tenha poder de agir sobre os espíritos porque sua harmonia cria movimentos que geram forças que agem sobre estes e que, por sua vez, são as potências da ação.

A fala, que obtém do sagrado o seu poder criador, está diretamente relacionada com a conservação ou com a ruptura da harmonia no homem e no mundo. Assim sendo, a maior parte das sociedades orais tradicionais considera a mentira um grave problema moral. A mentira aniquila a pessoa civil, religiosa e oculta, separando-a da sociedade, como expresso em um dos poemas rituais do Mali:

*A fala é divinamente exata,*

*convém ser exato para com ela.*

*A língua que falsifica a palavra*

*vicia o sangue daquele que mente.*

A força vital interior, simbolizada pelo sangue, tem sua harmonia perturbada pela mentira. Corromper a palavra é corromper a si próprio. Pensar uma coisa e dizer outra é separar-se de si mesmo. Isso seria romper a unidade cósmica sagrada, a desarmonia dentro e em volta de si mesmo.

Para os tradicionalistas, a mentira não é apenas um defeito moral, mas uma interdição ritual. Violar esse ritual impossibilita exercer sua função de respeitar a verdade.

## OS TRADICIONALISTAS

Os grandes depositários da herança oral são chamados de "tradicionalistas". São a memória viva da África, porque são suas melhores testemunhas. O tradicionalista é o guardião dos segredos da Gênese e das ciências da vida, dotado de memória prodigiosa. É o arquivista do passado, transmitido pela tradição, e de fatos contemporâneos, por ser uma história africana em seu testemunho.

Os tradicionalistas, nas línguas bambara e fulani, são referidos por palavras que possuem o mesmo sentido de conhecedores ou fazedores de conhecimento (*Doma, Soma, Donikeba*). Mas, na tradição africana, raramente esse conhecedor é um especialista. Na maioria das vezes, é um generalista, que conhecerá não apenas a "ciência das plantas" (propriedades de cada planta), mas também a "ciência das terras" (propriedades agrícolas ou medicinais dos solos), a "ciência das águas", a astronomia, a cosmogonia etc.

Os conhecimentos dessa ciência da vida (incluídas aqui as ciências ocultas) confundem o racionalista, mas para a África tradicional permitem uma utilização prática, porque estabelecem uma relação apropriada com as forças que sustentam o mundo visível e que são colocadas a serviço da vida.

Perder os testemunhos e ensinamentos significa perder o patrimônio cultural e espiritual de um povo, com uma nova geração desenraizada. Sobre esse desaparecimento, Hampâté comentava: "Os últimos grandes monumentos vivos da cultura africana terão desaparecido e, junto com eles, os tesouros insubstituíveis de uma educação peculiar, ao mesmo tempo material, psicológica e espiritual, fundamentada no sentimento de unidade da vida e cujas fontes se perdem na noite dos tempos."

## OS GRIOTS

Assim como os tradicionalistas se incumbem das ciências da vida, ocultas e esotéricas, como um chantre dos deuses, os griots (chamados de "dieli" na língua bambara) se encarregam da música, da poesia lírica e de contos que animam recreações populares. O griot é uma espécie de trovador, um menestrel que percorre um país ou que está ligado a uma família.

Muitas vezes e de maneira equivocada se supôs que os griots fossem os tradicionalistas. Os griots se dividem em três categorias: os músicos (tocam muitos instrumentos, cantam, compõem, preservam e transmitem canções antigas); os embaixadores (responsáveis pela mediação entre famílias no caso de desavenças, geralmente ligados a uma família nobre ou real); e os genealogistas (ou historiadores ou poetas ou todos ao mesmo tempo, contadores de histórias e viajantes).

Os griots têm uma posição social que lhes confere o direito de serem cínicos, com grande liberdade de falar e até de zombar de coisas mais sérias, sem grandes consequências. Essas invencionices são aceitas sem que as pessoas se deixem enganar. Sabem que é papel do griot, conforme atestam as expressões "isso é o que o dieli diz" ou "eles têm a boca rasgada".

Uma tradição é uma mensagem transmitida de uma geração para a seguinte.

Mas nem toda informação verbal é uma tradição.

A origem das tradições pode, portanto, repousar num testemunho ocular, num boato ou numa nova criação baseada em diferentes textos orais existentes, combinados e adaptados para criar uma nova mensagem. Mas somente as tradições baseadas em narrativas de testemunhos oculares são realmente válidas.

## SOBRE A METODOLOGIA DA TRADIÇÃO ORAL

O historiador e antropólogo belga Jan Vansina (1929–2017), autoridade na metodologia da história oral da África Central (República Democrática do Congo, Ruanda e Burundi), apontava que as civilizações africanas, no Saara e ao sul do deserto, eram em grande parte civilizações da palavra falada, mesmo onde existia a escrita.

Na África Ocidental, já a partir do século XVI, pouquíssimas pessoas sabiam escrever, ficando a escrita muitas vezes relegada em relação às preocupações essenciais da sociedade. Segundo Vansina:

*"(...) seria um erro reduzir a civilização da palavra falada simplesmente a uma negativa, uma ausência do escrever, e perpetuar o desdém inato dos letrados pelos iletrados."*

*Portanto, a oralidade é uma atitude diante da realidade e não a ausência de uma habilidade.*

A tradição oral confunde historiadores contemporâneos envoltos em uma grande quantidade de evidências escritas. Assim são impingidos a desenvolver técnicas de leitura rápida, bastando a compreensão da repetição dos mesmos dados em várias mensagens. Mas, conforme Vansina recomenda, o historiador deve iniciar-se primeiramente nos modos de pensar da sociedade oral, antes de interpretar suas tradições.

Uma sociedade oral reconhece a fala não apenas como um meio de comunicação diária, mas também como um meio de preservação da sabedoria dos ancestrais, a tradição oral. A tradição pode ser definida, de fato, como um testemunho transmitido verbalmente de uma geração para outra.

Suas características particulares são o verbalismo e sua maneira de transmissão, que difere das fontes escritas. Devido à sua complexidade, não é fácil encontrar uma definição para tradição oral que dê conta de todos os seus aspectos. Um documento escrito é um objeto, um manuscrito. Mas um documento oral pode ser definido de diversas maneiras, já que um indivíduo pode interromper seu testemunho, corrigir-se, recomeçar etc. Numa definição um pouco arbitrária, um testemunho poderia ser as declarações feitas por uma pessoa sobre uma mesma sequência de acontecimentos passados, contanto que a pessoa não tenha adquirido novas informações entre as diversas declarações. Porque, nesse caso, a transmissão seria alterada e estaríamos diante de uma nova tradição.

Para compreender a dimensão da tradição oral, a condição mais importante é renunciar ao hábito de fazer julgamentos segundo critérios pessoais. Para descobrir um novo mundo, é preciso esquecer nosso próprio mundo. Sem isso, estaremos apenas transportando nosso mundo sem que nos mantenhamos à escuta, abertos, atentos. Tierno Bokar, o sábio de Bandiagara, dizia:

*Se queres saber quem sou,*

*Se queres que te ensine o que sei,*

*Deixa um pouco de ser o que tu és*

*E esquece o que sabes.*

# 2
# NO CONTEXTO DA FALA E DA ESCUTA

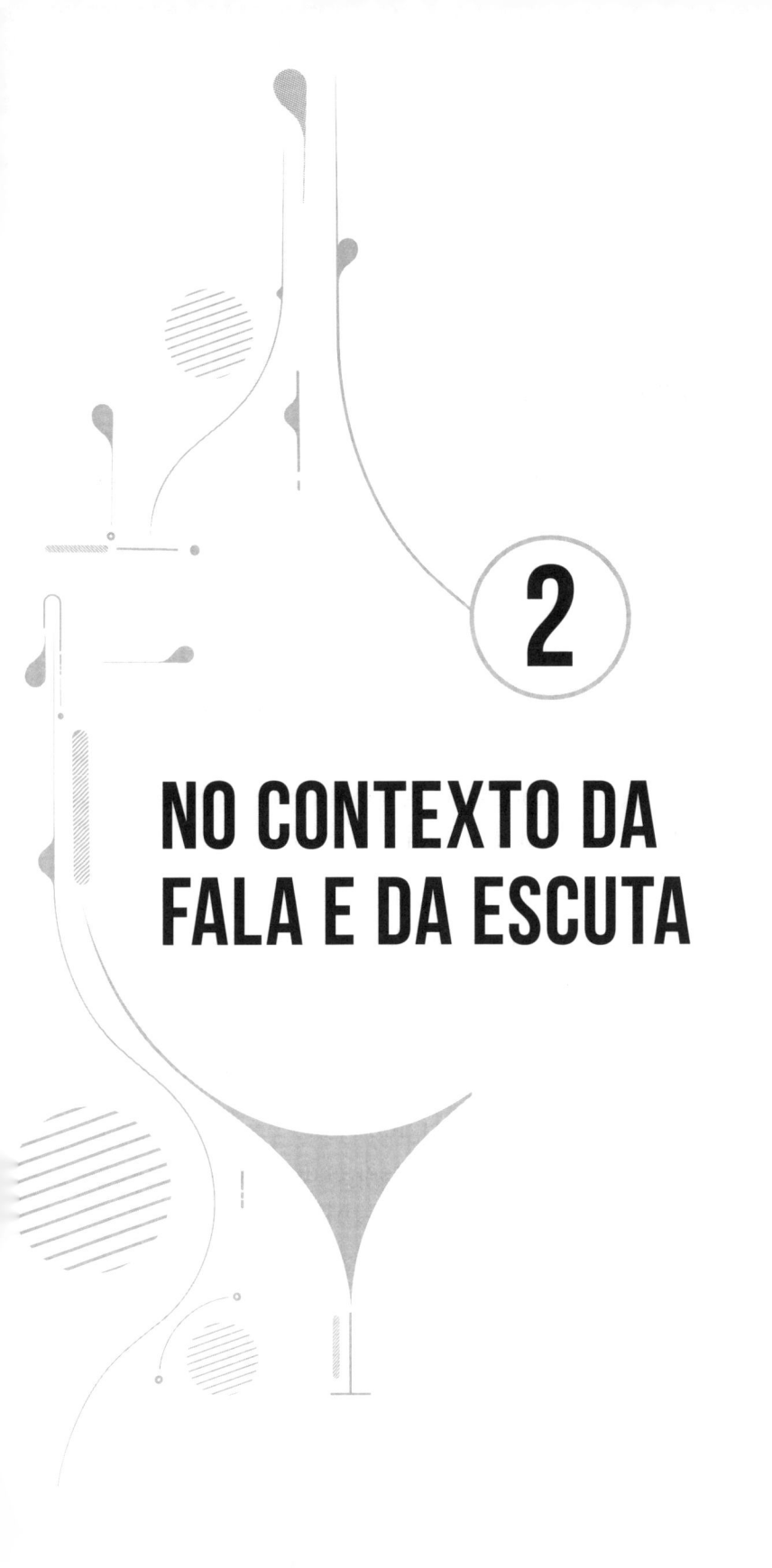

## DIMENSÃO SIMBÓLICA

A dimensão simbólica vem sendo abordada mais amplamente na área de negócios e administração. Aborda-se a cultura como um sistema de representações que expressam formas comuns de compreender o espaço de trabalho. Percebe-se o que possibilita a comunicação entre os membros de um grupo organizacional.

Na perspectiva da antropologia, a dimensão simbólica é concebida como capaz de integrar todos os aspectos da prática social. Nessa seara, o simbolismo desponta para compreensão das relações de trabalho em diferentes instâncias.

Instâncias de poder político, econômico e de processos incorporam essa dimensão buscando descobrir e entender o significado de histórias, mitos, artefatos, comportamentos e rituais no dia a dia da organização. Os elementos simbólicos de uma cultura organizacional expressam suas relações de trabalho.

Os padrões culturais não são rígidos para produzir as mesmas condutas, mas funcionam como regras do jogo, um conjunto de orientações na atribuição de um significado.

Abordar a vida nas organizações como uma realidade ordenada (fenômenos pré-arranjados, com padrões independentes da apreensão que cada um faz individualmente), uma realidade objetivada (objetivos designados independentemente da compreensão do indivíduo), não é eficaz.

Há uma correspondência entre os significados que foram atribuídos ao objeto, ou seja, há um senso de realidade que deve ser compartilhado. Desse processo, são produzidos signos (sinais com significações).

A linguagem é um conjunto de signos com a capacidade de comunicar significados. Ela constrói campos semânticos, zonas de significados. Quando um grupo social tem de transmitir a outro grupo a sua visão do mundo, é necessária uma legitimação. A legitimação ocorre com a explicação e justificativa da ordem institucional, mediante procedimentos implícitos e explícitos. Há, portanto, elementos cognitivos e normativos que dão origem ao universo simbólico.

Considerar o mundo como algo a ser decifrado é ter o dom de ser sensível aos signos. Mas esse dom corre sempre o risco de permanecer oculto em nós mesmos.

O indivíduo vivencia processos de socialização além da aprendizagem cognitiva, com circunstâncias bastante emocionais, e a linguagem é o instrumento mais importante nestes processos.

Para o sociólogo austríaco Peter L. Berger (1929–2017), no clássico *A Construção Social da Realidade*, o universo simbólico integra um conjunto de significados, aos quais se atribuem consistência, justificativa, legitimidade. O universo simbólico possibilita aos membros integrantes de um grupo uma forma consensual de apreender a realidade e integrar os significados, o que viabiliza a comunicação.

## A PRÁTICA SOCIAL

A percepção da realidade com a integração de significados está alinhada ao conceito de cultura organizacional apresentado pelo ex-professor do *MIT*, Edgar Schein. Para ele, cultura organizacional "é o conjunto de pressupostos básicos que um grupo inventou, descobriu ou desenvolveu ao aprender a lidar com adaptação externa e integração interna e que funcionaram bem o suficiente para serem considerados válidos e ensinados a novos membros como a forma correta de perceber, pensar e sentir, em relação a esses problemas".

Ainda segundo Schein, a cultura de uma organização pode ser apreendida nos seguintes níveis:

1. De artefatos visíveis: o ambiente construído da organização, arquitetura, layout; a maneira de as pessoas se vestirem, padrões de comportamento visíveis, documentos públicos: cartas, mapas — dados fáceis de obter, mas difíceis de interpretar.

2. De valores: governam o comportamento das pessoas, são de difícil observação direta, já que geralmente representam apenas os valores manifestos da cultura, isto é, aquilo que as pessoas reportam ser a razão do seu comportamento — o que muitas vezes é idealizado ou racionalizado.

3. De pressupostos inconscientes: como os indivíduos percebem e sentem os valores compartilhados pelo grupo, levando a comportamentos "adequados" para

solucionar problemas — o valor vai se transformando em um pressuposto inconsciente sobre como as coisas funcionam.

4. Ideológico: apropriação de significados e valores.
5. Psicológico: de alienação, de dependência, de projeção e introjeção, como defesa coletiva inconsciente.

## MITOS GERADOS

A criação de um mito integra vários significados e seus processos de legitimação. A análise do universo simbólico permite desvendar como mitos recorrentes, como o mito do "herói" e o da "grande família", foram construídos.

A história da empresa geralmente tem seu período inicial caracterizado por ações de sobrevivência. O valor que emerge é a coragem, tanto no nível individual como organizacional. São das histórias sobre atos de coragem que nascem os heróis, que personificam os valores e proveem modelos de comportamento para os demais.

Um herói não sabe certas coisas no início, aprende-as progressivamente e tem revelação no final. É inevitável que ele sofra decepções, uma vez que tinha ilusões. O mundo oscila ao longo do aprendizado. Mas os heróis organizacionais muitas vezes parecem blindados.

Um indivíduo, ao praticar o ato "heroico" — que evidencia não só a coragem pessoal, mas também o comprometimento com a organização — legitima-se como portador de uma verdade sobre o destino da empresa, sobre o perfil adequado de seus empregados, sobre os padrões de relações desejados.

Christopher Lasch, em seu livro *A Cultura do Narcisismo* (1983), analisa como a Escola de Relações Humanas foi responsável pela criação do mito de fábrica como uma família. Segundo a professora da FGV-SP, Maria Tereza Leme Fleury, autora (junto a Rosa Maria Fischer) de *Cultura e Poder nas Organizações*, a imagem de uma "grande família" é utilizada pelas organizações para reforçar o clima de camaradagem, de confiança, e o comprometimento das pessoas com os objetivos organizacionais, no qual o conflito é substituído pela cooperação. A imagem da família espelha a participação de todos os empregados na elaboração mútua de uma imagem positiva da empresa.

Apesar de não ser uma imagem original nem exclusiva de uma empresa, a análise de Fleury merece destaque. Ela trabalha a ideia de família a partir de duas concepções antagônicas, porém complementares. A primeira refere-se à concepção clássica de célula elementar da sociedade, fundamental para reprodução e sobrevivência da espécie humana. A ideia de célula de cooperação, solidariedade e afetividade constitui a sua face mais evidente em todas as instâncias da vida social. A identidade organizacional se forma com base na cooperação e na solidariedade, para crescer, vencer condições adversas e alcançar metas propostas.

A segunda concepção fundamenta-se na percepção e elaboração das relações de dominação e submissão existentes na família. Tal teoria observa como a família desenvolve em seu interior as relações autoritárias, reproduzindo o consenso acrítico.

As relações de autoridade assumem a função essencial de estabelecer, desde a infância, "a necessidade objetiva do domínio do homem sobre o homem" — destacado nos trabalhos dos sociólogos alemães Max Horkheimer (1895–1973) e Theodor Adorno (1903–1969). Assim, a família também é uma matriz de mecanismos de dominação e submissão, o que faz com que a imagem de grande família, nesta perspectiva, assuma contornos diferentes para os empregados da organização. Essa análise permite desvendar as relações de dominação, presentes no cotidiano da empresa que permeiam as interações entre hierarquias e categorias de empregados.

O mito da família revela, desta forma, duas faces presentes nas relações de trabalho: a face visível de solidariedade, de cooperação, e a face oculta da dominação e submissão.

# ESTADO DA LÍNGUA

A linguagem da vida organizacional que percebemos invadir nosso vocabulário do dia a dia não teve sua origem no espaço privado das empresas. Variedades específicas de língua administrativa desenvolveram-se em determinados lugares, a partir da Roma antiga. O historiador britânico Peter Burke cita como exemplo a "língua de serviço" (*Dienstsprache*) ou o "alemão fiscal" (*ärarisch Deutsch*) do Império Habsburgo no século XVIII. Esses dialetos administrativos adotavam palavras estrangeiras. Na época da dominação espanhola, a *linguaggio cancelleresco* de Milão incluía palavras híbridas hispano-italianas como *papeli* para "papéis" ou *veedore* para "inspetor". Os neologismos também estavam presentes, principalmente no século XIX: *centralizzare, funzionario, insubordinazione*.

Esses termos, sob uma perspectiva não somente utilitária, mas também simbólica, ajudaram a criar uma visão de mundo administrativa e a unir os servidores civis, ainda que os separassem do restante da população, que não entendia a nova língua. Essa nova língua, considerada pelo poeta italiano Vincenzo Monti (1754–1828) um "dialeto bárbaro infelizmente introduzido na administração pública" (*"barbaro dialetto miseramente introdotto nelle pubbliche amministrazioni"*) exemplifica uma atuação da linguagem na sociedade que não é necessariamente benéfica.

O domínio político destaca-se também na história da reforma e administração linguística. Os Estados se importam com as línguas faladas por seus cidadãos desde a ascensão do nacionalismo, no final do século XVIII, com a associação entre língua e identidade nacional formulada pelo escritor alemão J. G. Herder (1744–1803) — Über den Unsprung der *Sprache* (sobre a origem da língua), em 1772 — e outros intelectuais naquela época.

No entanto, há indícios de que políticas linguísticas já haviam sido formuladas pela igreja da Contrarreforma, ou seja, antes que se tornassem uma questão secular na época do nacionalismo. Impérios multilíngues tentaram conduzir sua administração em uma língua dominante, como o latim no Império Romano, o persa no Império Mughal (século XVI), o quíchua no Império Inca (auge entre os séculos XV e XVI).

A política linguística da Revolução Francesa, por intermédio de seus historiadores, preocupava-se com o uso da língua relacionado a interesses de classe. A língua deveria atuar como um meio de integração nacional: um substituto para o poder, uma nova cultura política. Difícil negar uma certa aura para uma palavra como *patrie*.

No século XIX, as questões linguísticas fizeram parte dos debates políticos na Europa e no Japão. A adoção pela Turquia do alfabeto ocidental, em 1928, foi não somente um símbolo de ocidentalização, mas uma forma de afastar os turcos de seu passado otomano.

O interesse do governo pela língua é característico do Estado moderno. Línguas oficiais são estabelecidas em novos Estados — como o swahili na Tanzânia. Falantes de línguas minoritárias exigem que seus filhos, e as próximas gerações, sejam ensinados nessas línguas, e que existam meios de comunicação (jornais, canais de televisão) que delas se utilizem. Essas exigências tornaram-se questões políticas importantes, na Espanha, na Romênia, por esse mundo sem porteira.

A história da linguagem demonstra, em uma abordagem sociocultural, que nunca esteve imune à política e ao poder.

## A INVOLUÇÃO SILENCIOSA

Desde a Idade Média, o silêncio é acompanhado por significados distintos, simultaneamente. Dizia-se que o silêncio era parte fundamental da conversação e enaltecido. Dizia-se também que era uma suposição mal-educada de superioridade. O exército britânico apontava "insolência silenciosa" como categoria de insulto. O dramaturgo irlandês George Bernard Shaw (1856–1950) chamou a taciturnidade de "a mais perfeita expressão de desprezo".

O antropólogo linguístico Keith Basso (1940–2013), em seu trabalho junto aos apaches, registrou que estes consideravam apropriado manter silêncio em ocasiões nas quais os ocidentais achariam necessário falar. "Saber quando não falar pode ser tão fundamental para a produção de comportamento culturalmente aceitável quanto o conhecimento do que dizer." Basso compreendeu a ideia de silêncio como uma forma de administração de conflito. Os apaches seriam propensos ao silêncio em "situações sociais nas quais os participantes percebem que suas relações diante dos outros são ambíguas ou imprevisíveis".

Mas antes de julgar o silêncio, há de se conhecer o contexto.

O silêncio tem seu espaço: ao se admirar monumentos e ritos religiosos, quando se está recluso e meditando etc. Aliás, o silêncio é um dos elementos essenciais nas religiões. Mas, no dia a dia das empresas, com exceção do silêncio que fazemos, ou deveríamos fazer, quando o outro fala, o silêncio representa uma involução.

As empresas falam — por meio de ações, efetivamente, e mediante assessoria de imprensa, de forma menos convincente. As pessoas calam — por meio de inações, efetivamente, e por meio de acordos tácitos, de maneira deturpada.

Na vida corporativa, a agenda do indizível e do inquestionável aumenta. Os modismos, os gurus-picaretas, a adoção irrestrita do que se chama de "melhores práticas", as citações de biografias, os preconceitos velados e observados *pari passu* com políticas de diversidade, enfim, nada disso é refutado nem debatido.

A gestão organizacional e os processos de tomada de decisão emergem de um ambiente dividido entre "quem cala consente" e "em boca fechada não entra mosca". De um lado, busca-se qualquer indício de concordância. Do outro, há a crença de que "se mexer, piora".

As pressões mercadológicas, a ameaça do desemprego e a histeria decorrente estabelecem uma nova "omertà", o código de honra de organizações mafiosas, forma de solidariedade no submundo (*"l'omertà si non è paura, è complicità"*) que nos obriga ou induz a ficar calados. No âmbito organizacional, vive-se de aparências onde o desconforto não pode ser aparente: ou as pessoas se habituam a esse estado de coisas ou ficam remoendo silentes, na rotina de alimentação do estresse.

Os silêncios determinados institucionalmente ou pelo próprio grupo denotam um ambiente controlado e individualista, em oposição à espontaneidade e ao coletivo.

## O GRUPO FALA

Há um tempo decorrido entre começar a trabalhar e se sentir parte da empresa. Esse tempo é, ou pelo menos deveria ser, curto nas empresas que aparecem no ranking de melhores lugares para trabalhar. Quanto pior o lugar, maior esse tempo. Em organizações nas quais a conduta em gestão de pessoas é débil, profissionais saem sem jamais terem se sentido parte delas. Em tal ambiente não há tempo nem interesse, de ambos os lados, de discutir a relação, de participar. Um relacionamento, digamos, recíproco.

Como perceber se uma pessoa está integrada no espaço organizacional? Há sinais diversos. Um deles, muito valorizado, é a participação dos novos colegas de empresa em atividades sociais fora do trabalho, particulares, familiares. Isso é cada vez mais raro.

Outro sinal destaca o nível de aculturação: grupos sociais diferentes usam formas de falar diferentes. Pertencer ao grupo é também adotar a forma de falar do grupo. A chamada "lealdade linguista" é uma consciência de comunidade, ainda que imaginária. O falar organizacional dita não somente acrônimos, mas também as expressões e o tom. Ressalto que as formas de comunicação não são portadoras neutras de informação. Por isso há de se perceber que mensagens essas formas trazem, o quanto de cultura traduzem.

As variedades da fala têm importância social. Há registros de que foi no século XVI, na Itália, que a língua passou a ser considerada um fenômeno destacadamente social. O monge e filólogo florentino Vincenzo Borghini (1515–1580) observou que os camponeses toscanos conversavam menos com estrangeiros do que os citadinos e que por esse motivo mudavam menos.

Um falar comum não impede a existência de conflitos sociais. Católicos e protestantes da Irlanda, com o mesmo sotaque e o mesmo gosto para cerveja, são exemplos. Um falar comum não promove, *per se*, a harmonia de questões sagradas nem de questões seculares.

Os sociolinguistas usam a noção de diversidade para tecer relações entre línguas e as sociedades nas quais são faladas ou escritas. Oferecem aos historiadores uma conscientização sobre "quem fala qual língua, para quem e quando".

Para os historiadores, continua o desafio de explicar de que forma algumas línguas se difundiram, tanto geograficamente como socialmente, e outras não.

## QUASE ALFABETIZADO

No contexto de administração e negócios, acrônimos, siglas e expressões, decorrentes de modismos ou de iniciativas consistentes, são forjadas numa escala, digamos, industrial. Tanto na chegada a uma nova empresa quanto na chegada de uma nova onda, temos os nossos momentos de iletrado: não fomos alfabetizados naqueles códigos.

Cada vez mais pessoas passam por mais empresas — têm, portanto, mais "inícios", mais "primeiros dias de trabalhos" — e as ondas administrativas não perderam o espaço nem a força. Essas condições de contorno nos perpetuam na condição de quase alfabetizados: quando estamos na iminência de dominar um tema, com seus signos e jargão, outro emerge, e então passa a ser aquele que deve ser aprendido e utilizado.

Não acompanhar esse movimento nos torna cruelmente excluídos. Por outro lado, o acompanhamento desse movimento, com sua frequência e intensidade, nos confina no estágio de iletrado. Fincados na "era do conhecimento", um processo que se destaca hoje na sociedade do trabalho é, de certa forma, um processo de alfabetização.

Acadêmicos de diversas disciplinas começaram a tratar mais intensamente a questão da leitura e da escrita em meados do século XX, quando muitos países empreenderam campanhas maciças de alfabetização, com os seguintes posicionamentos:

1. Os sociólogos argumentavam que a alfabetização era a habilidade pessoal básica, uma vez que proporcionava às pessoas o acesso ao mundo da experiência indireta.
2. Os antropólogos discutiam se a distinção tradicional entre pensamento lógico e pré-lógico deveria ser estruturada em termos de pensamento alfabetizado e pré-alfabetizado, uma vez que o que tornava o pensamento abstrato possível era a alfabetização.
3. Os historiadores meteram a colher na mesma panela, avaliando a difusão da alfabetização em diferentes períodos e discutindo as consequências econômicas, sociais e políticas decorrentes.

Nos anos 1960 e 1970, houve uma reação àqueles que, ao escreverem sobre a alfabetização, exageraram na distância entre as culturas orais e alfabetizadas, uma forma de subestimar as realizações e ignorar os recursos de sociedades sem alfabetização. A crítica se estendia também à forma como a alfabetização fora tratada: uma tecnologia neutra e uniforme, abordada separadamente de seu contexto social.

Segundo o historiador inglês Peter Burke, essa reação é parte do contexto chamado de etnografia da escrita, abordagem desenvolvida a partir da etnografia da comunicação, que destaca as condições de contorno da aprendizagem.

Em analogia com o que os sociolinguistas chamam de "domínios do comportamento da língua", onde estilos de fala se encontram sob diferentes condições, a alfabetização tem seus domínios, percebidos já a partir do século XI na Itália, com o crescimento de uma "cultura notarial": em meados do século XV, oito em cada 1000 habitantes de Florença eram notários.

Percebe-se então uma alfabetização prática com quatro domínios:

1. Os negócios: dizia-se que um bom mercador deveria ter os dedos sujos de tinta. Era o registro escrito de inúmeros negócios.
2. A família: testamentos, contratos matrimoniais, inventários, cartas familiares e memórias.
3. A Igreja: leitura em público dos livros de culto e ofícios, com dúvidas e cuidados sobre incentivar a alfabetização aos leigos.
4. O Estado: controle social, burocracia ou funcionalismo.

Embora não se possa distinguir quatro estilos de escrita, percebemos variações quando se passa de um uso para outro. Historicamente foram identificados tipos diferentes de caligrafia. Os mercadores usavam "letra mercantil", sem trocadilho. Em documentos administrativos, era utilizada a "letra chanceleresca". Funcionários do clero usavam "letra eclesiástica". O latim era a língua da Igreja, do Direito e de boa parte da administração pública.

Hoje em dia, no contexto de administração e negócios, percebem-se muitos gestores falando grego. E produzindo outros iletrados.

## ESCUTA PROFUNDA

Histórias são a maneira pela qual nós damos sentido aos nossos mundos. Elas têm nos trazido juntos por milhares de anos, têm nos ajudado a construir um significado a partir do passado e aberto o caminho para novos significados, questões e discussões.

Mas, em *storytelling*, se destacam, além do que está sendo explicitado, os silêncios e as hist*órias não ditas, não contadas. Para quem é a história que está sendo contada? Quem está contando? Qual é o contexto?*

A efetividade de *storytelling* está atrelada não somente a uma capacidade de ver (sinais, gestos), mas também de ouvir. Curiosamente, a competência "saber ouvir" não vem sendo abordada junto às questões dessa prática. E, como se percebe, "saber ouvir" constaria seguramente de um top 10 do jargão organizacional — onde estaria "visão holística", por exemplo.

O escritor (de romances, poesias, peças de teatro) e crítico de arte John Berger (1926–2017) afirmava que "ao contrário do que muitas pessoas pensam, a narrativa não começa com a invenção, começa com a escuta".

Estudos feitos com nativos de grupos étnicos do Pacífico mostram, com rigor sociológico, o quanto "saber ouvir" é fundamental e integrante de *storytelling*, o que representa e o que promove. Essa atitude, nesses estudos, é chamada de *Deep Listening*, algo como "escuta profunda". Manterei aqui essa expressão sem traduzi-la, por risco de imprecisão, considerando também que, em português, escutar e ouvir não têm o mesmo rigor de utilização que "*hear*" e "*listen*" têm em inglês.

## SOBRE ESSA ESCUTA PROFUNDA

*Deep Listening* é um convite para caminhos culturalmente congruentes de aprendizagem e conhecimento. Apresenta as seguintes características:

- **A.** Descreve uma forma de aprender, trabalhar e estar próximo. É formado pelos conceitos de comunidade e reciprocidade. Significa ouvir com senso de responsabilidade as histórias que são contadas e observar a si próprio.
- **B.** Envolve ouvir respeitosamente, formular cada sentido em cada ser. Leva tempo, requer paciência. Pode ser usada como uma metodologia de pesquisa e como uma maneira de estar juntos em comunidades e organizações.
- **C.** Baseia-se em histórias, silêncios e o espaço que reside entre estes.

*A prática de Deep Listening nos ensina a aprender com o passado, estar totalmente presente no momento atual e ter abertura para o futuro que emerge. Tem implicações para a vida organizacional contemporânea ao fazer com que as pessoas:*

a) Reflitam criticamente sobre suas atitudes e atuação.

b) Ouçam histórias que são contadas, estando atentas para o que não é falado, os assuntos não comentados.

c) Invistam na construção de relações, redes e comunidades dentro do espaço de trabalho.

Otto Scharmer, autor de *U Theory* e coautor de *Leading From The Emerging Future: From Ego-System to Eco-System Economies*, descreve 4 tipos de escuta, a saber:

1. *Downloading* — confirmar o que já se sabe.
2. Objetivo ou Escuta Ativa — prestar atenção ao que difere de nossos próprios conceitos.
3. Escuta Empática — perceber o mundo pelos olhos de alguém.
4. Escuta Generativa — escutar a partir da perspectiva futura, o espaço emergente do futuro.

A Escuta Generativa, tal qual uma gramática generativa, apresenta regras e princípios na geração de sentenças de uma língua, atribuindo-lhes uma estrutura.

É esse quarto tipo de escuta que mais se alinha com *Deep Listening*. Faz com que grupos de trabalho ou comunidades estejam totalmente presentes e que cada um identifique o que está acontecendo e emergindo no momento. Estabelece espaço para um contato genuíno, um lugar de possibilidades onde demandas presentes e emergentes podem ser verbalizadas e exploradas.

Ao integrar dimensões de todos esses tipos, *Deep Listening* incorpora (1) a confirmação do que é conhecido, (2) a atenção ao que é diferente, (3) o olhar do outro e (4) uma escuta que vai além de nossos ouvidos.

Otto Scharmer defende processos de aprendizagem que nos sintonizam e nos puxam para futuras possibilidades. Isso é mais do que simplesmente refletir e reagir a situações passadas.

A prática de *Deep Listening* transcende conceitos lineares de tempo e espaço. Parte dessa prática é um despertar para a forma pela qual uma história é estruturada. John Berger dizia ainda que *nós precisamos ouvir o que é dito, o que não é dito, o que está esperando para ser dito e o que está clamando para ser dito*. Estar sintonizado dessa maneira desenvolve uma conscientização crítica de nossa relação com as hist*órias, sendo verbalizadas ou silenciadas*. Articular essa conscientização requer um destemor tanto por parte de contadores quanto de ouvintes de histórias.

## RELAÇÕES DE CONFIANÇA

*Deep Listening* é um processo de fazer-se presente a si mesmo, aos outros, a cada um e ao ambiente. Quando estamos presentes, estamos disponíveis para sintonizar, para harmonizar outras pessoas e nosso contexto. Scharmer se refere a isso como *"presencing"*, um termo que junta *"presence"* e *"sensing"*. Estando mais presentes, somos capazes de nos tornar mais conscientes e disponíveis para outras pessoas.

A construção de equipes é predicado para o desenvolvimento de confiança mútua, um trabalho lento e que precisa atender à forma contínua em um determinado período. Investir tempo em relações é fundamental para a prática de *Deep Listening*.

> *Comunicar-se para entender requer ouvir profundamente e tal esforço nos leva a relações de confiança. O conceito de "respeito" é central a essa prática e, quando aplicado ao espaço de trabalho, refere-se a trabalhar com o que temos em comum e o que nos diferencia.*

Desta forma, cada processo de comunicação conduzirá a um novo conhecimento baseado em grupos de interesse, de equipes, o que é culturalmente harmonizado e atende às necessidades desses envolvidos.

A incorporação de *Deep Listening* em nossas vidas no trabalho é um convite para gerar conhecimento, construir e desenvolver equipes e fazer a diferença. Uma prática que demanda, antes de tudo, uma sintonia fina. E intensa.

## MUNDO SÔNICO

O ambiente sônico ficou mais complexo ao longo do desenvolvimento da civilização. A paisagem sonora primordial (vulcões, água, clima), os sons pastoris, o sino, o martelo do ferreiro, as máquinas do início da Revolução Industrial, o trem a vapor, o apito das fábricas, a Revolução Elétrica foram estágios que culminaram com a cacofonia assumindo o poder.

A paisagem sonora é um termo cunhado pelo canadense R. Murray Schafer, compositor e autor do livro *O ouvido pensante*. Ele aborda a acústica no ambiente social e físico. Em um excerto, registra que na floresta a audição era mais importante. *"Quando o homem tinha medo... todo o seu corpo transformava-se num ouvido."*

Uma passagem de Tolstói no romance *Guerra e Paz* (1869) ilustra admiravelmente os sons, com palavras que constroem uma paisagem sonora:

> *"O alarido dos cães de caça foi seguido pelo som grave do chamado de caça ao lobo, tocado pela trompa de Danilo. (...) as vozes dos cães de caça podiam ser ouvidas com aquele som peculiar que serve para anunciar que estão atrás de um lobo. Os condutores de cães não estavam agora açulando-os, mas instigando-os com os gritos de 'Hu! Hu! Hu!'. E a todas as vozes sobressaía a de Danilo, que passava de um som profundo ao agudo, penetrante. A voz*

*de Danilo parecia preencher toda a floresta, perfurá-la e ressoar ao longe no campo aberto."*

Nos momentos de transição, as mensagens podem evoluir mais depressa do que seu meio. Geram novas demandas e acarretam a antecipação de outro meio, ainda que em estado embrionário. Essa situação é exemplificada por Steven Johnson, escritor e pensador sobre ciberespaço, com quem pude conversar em uma das primeiras *Campus Party*, em São Paulo, por ocasião do lançamento de *The Ghost Map*:

> *"Durante grande parte das décadas de 1930 e 1940 nos EUA, enquanto a televisão migrava dos laboratórios de pesquisa para as salas de exibição da RCA, a programação fez inúmeras experiências com um formato que era particularmente inadequado ao meio: o radioteatro, narrativas teatrais transmitidas sem rostos, cenários, figurinos, ação — só vozes, música de fundo, o efeito sonoro e as palavras do patrocinador. Dada a inventividade visual e a perícia dos diretores de Hollywood desse período (Welles, Capra, Houston), é espantoso que alguém ouvisse essas produções feitas na defensiva tecnológica, e mais ainda que vissem nela a marca da 'idade do ouro' do rádio. Os programas clássicos não eram na realidade excelentes programas de rádio — eram simplesmente maus programas de televisão, narrativas de estilo televisivo desnudadas para se encaixar nas dimensões limitadas do rádio."*

Eram na verdade mensagens à espera de seu meio. A turma da velha guarda manteve a audiência desses programas de narrativa por um bom tempo. Mas a maior parte da programação de rádio se alinhou com um conteúdo que mais se adequava à plataforma música, notícia, conversa. Veio a televisão como meio de comunicação caracterizada pela supremacia da imagem sobre o texto, pelo consumo passivo e, citando ainda Johnson, "pela preferência por fatos transmitidos ao vivo em detrimento da contemplação histórica".

Novas interfaces alteram o estilo de conversa, sentimento, pensamento, mediante a transformação pela qual a sociedade passa devido à tecnologia.

McLuhan, ao abordar os meios de comunicação como extensões do homem, sublinhava então a velocidade de avanço tecnológico. Podemos captar de que forma os diferentes meios de comunicação redesenham nossos hábitos e pensamentos porque nós mesmos testemunhamos — e sofremos — essas mudanças.

## O QUE SE OUVE POR AÍ

Situar uma experiência auditiva em um mundo predominantemente visual é algo que deve ser notado. Notação, aliás, é a forma de substituir fatos auditivos em sinais visuais.

A notação — que preserva e analisa o som, e nisso consiste seu valor — possui técnicas descritivas: pode-se falar a respeito do som ou desenhá-lo. R. Schafer, compositor e escritor canadense, autor de *O Ouvido Pensante*, cita os seguintes sistemas gráficos de notação:

- a acústica, com propriedades mecânicas do som, descritas em papel ou raio catódico;
- a fonética, pela qual a fala humana é projetada; e
- a musical, com a representação dos sons que possuem modelos musicais.

Os dois primeiros sistemas gráficos (acústica e fonética) são descritivos: descrevem o já ocorrido. O terceiro (notação musical) é prescritivo: informa como os sons deverão ser produzidos.

A primeira tentativa gráfica de representar os sons foi o alfabeto fonético — a fala fonética desenha o som das palavras faladas. A notação musical foi a primeira tentativa sistemática de fixar outros sons além da fala humana. Seu desenvolvimento ocorreu da Idade Média ao século XIX.

Há no vocabulário teórico da música indicações "emprestadas" do campo visual e espacial: alto, baixo, ascendente, descendente etc. A música tomou emprestada da escrita a convenção de indicar o tempo pelo movimento da esquerda para a direita e introduziu a dimensão vertical, com a altura (frequência) indicada, colocando-se os sons agudos acima e os graves abaixo. Claro que é arbitrário. Nas palavras de R. Schafer, embora houvesse "razões cosmológicas para tal convenção — os sons chilreados como o dos pássaros vêm do ar e os sons profundos vêm da terra — o trovão não fala com voz de soprano, nem o rato é um barítono". Espirituoso.

As legislações da Era Moderna a respeito de ruído têm natureza quantitativa: são expressas em limites de decibéis para todos os sons. No entanto, as primeiras legislações referentes a esse tema eram seletivas e qualitativas. Muitas eram contra a voz humana, as vozes mais grosseiras, das classes mais baixas, como ambulantes, mascates, jornaleiros.

Na década de 1930, os parisienses lamentavam o desaparecimento do pregoeiro de rua e uma afirmação sintetizava esse sentimento: *si la chanson française ne doit pas mourir ce sont les chanteurs de rue que doivent la perpetuer* (se a canção francesa não deve morrer, são os cantores de rua que devem perpetuá-la). Edith Piaf endossaria tal observação. Quem assistiu ao filme sobre a vida dessa cantora concordaria também.

O estudo da legislação referente ao ruído permite um registro acurado do que se considera como fobia ou transtorno acústico. Mudanças nas leis vigentes decorrem de novas atitudes e percepções sociais.

# 3

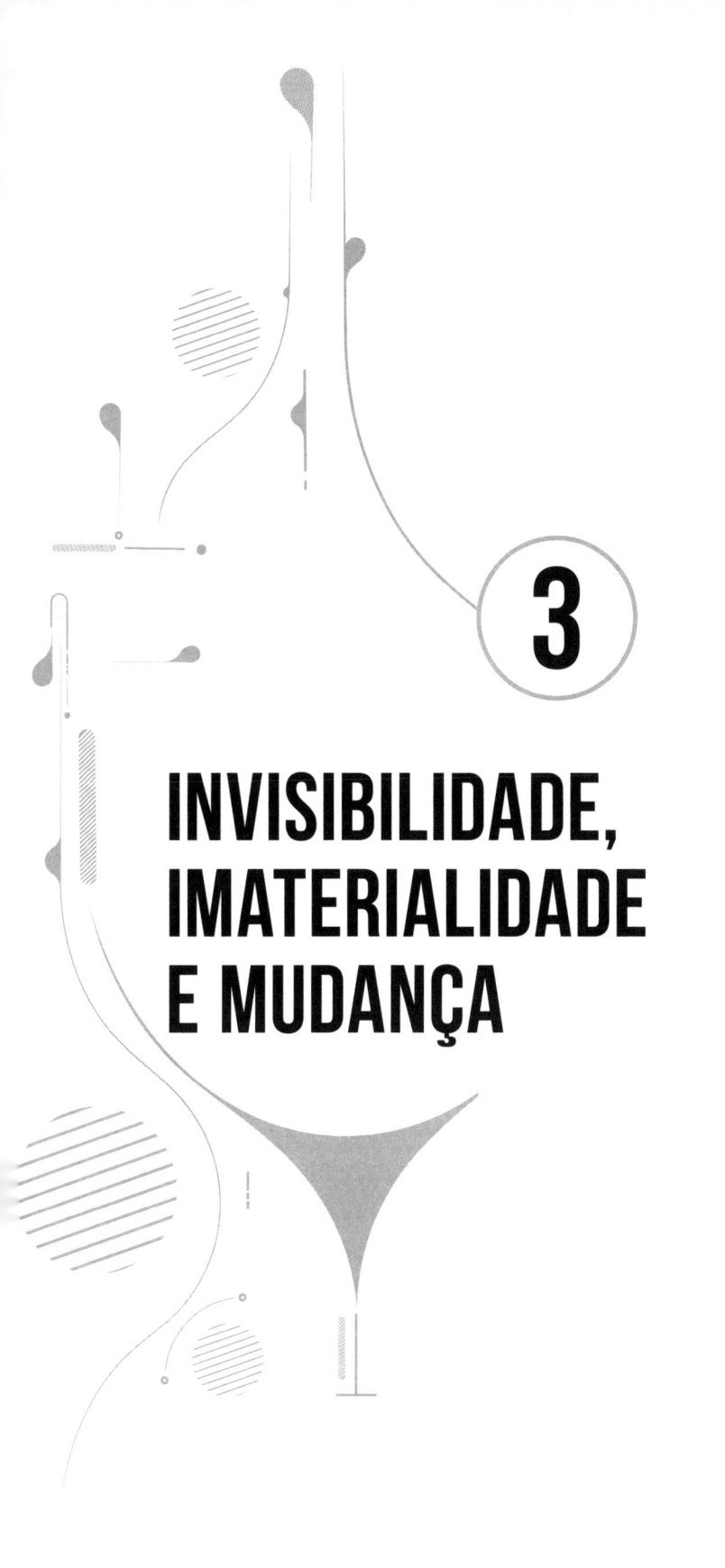

# INVISIBILIDADE, IMATERIALIDADE E MUDANÇA

# A INVISIBILIDADE DAS ORGANIZAÇÕES
## COMUNICAÇÃO E ALINHAMENTO

A comunicação é o elemento central da teoria do sociólogo alemão Niklas Luhmann (1927–1998), com o papel de regular as relações entre o ambiente e o sistema social.

Uma organização é um sistema social. Considerando a teoria de Luhmann, um sistema social não somente opera por meio de comunicação, mas tem a comunicação como a essência do que o constitui. Portanto, uma organização, em si, é feita de comunicação.

Luhmann define comunicação como a unidade que congrega informação, forma de expressão (elocução) e entendimento. Essas requerem sinais acessíveis, compreensíveis ao emissor e receptor.

Convém destacar que a comunicação regula as relações, deixando de lado a ideia de que se trata apenas de transferência de informação. O receptor não recebe a informação da mesma maneira que é emitida. No processo de comunicação, a informação é multiplicada. Portanto, é indevido supor que a informação propagada seja a mesma que a adquirida.

Emissor e receptor testam se estão usando sinais com significados razoavelmente similares. Uma vez que sinais não têm significado padrão, mas significados privados, particulares e subculturais, a comunicação entre ambos não assegura entendimento.

A interpretação da palavra não assegura que codificação e decodificação estejam em conformidade, ou seja, que tenham a mesma interpretação do sentido de uma palavra ou frase expressa numa linguagem. A interpretação se dá por códigos verbais e não verbais, estruturas visíveis de sinais e estruturas invisíveis de significado.

## ORGANIZAÇÃO E INVISIBILIDADE

Considerando a abordagem teórica de Luhman, na qual organizações são sistemas sociais e um sistema social é feito essencialmente de — e que opera por meio de — comunicação, uma característica das organizações é a invisibilidade.

O cerne dessa consideração não está enfocado na questão de que comunicação consiste nas ondas sonoras no ar, imagens na tela ou palavras no papel. O ponto é que nada material consiste na comunicação em si.

Comunicação requer sinais, signos acessíveis tanto ao emissor quanto ao receptor, que revelam um mundo invisível de significado.

Quando estruturas visíveis de sinais e signos são utilizadas, estruturas invisíveis de significado são utilizadas também, para que os estados do emissor e do receptor mantenham o alinhamento. Uma vez que os sinais dessas estruturas possuem não somente significados padrão, mas também significados privados, componentes culturais, não se pode assegurar o entendimento desse processo de comunicação. A interpretação de uma palavra não assegura que sua codificação e decodificação estejam em conformidade.

*Comunicação não é só um elemento, é uma unidade. E seus elementos não são, isoladamente, artefatos nem pessoas. Ao enumerarmos todas as coisas que passam por nossos sentidos quando nos movemos pelo escritório ou pela fábrica, não se encontra "a organização".*

*Sendo invisibilidade uma característica da organização, a questão para os gestores é então tornar sua organização acessível, percebida, "palpável", apesar dessa invisibilidade.*

Há formas pelas quais a organização gerencia sua imaterialidade, sua invisibilidade, percorrendo caminhos que a tornem acessível. Para Ole Thyssen, professor da Copenhagen Business School, a abordagem para buscar essa acessibilidade considera o nome, os textos, as histórias e a retórica dos gestores, temas analisados a seguir.

## A REVELAÇÃO DE UM NOME

O nome é uma abreviação e, saturado de significado, pode se tornar um símbolo, um significante autorreferente. Enquanto o significante se refere à forma da palavra — um "corpo" visto ou ouvido — o significado corresponde ao conteúdo, ao que o conjunto de sons e letras que constituem essa palavra representa.

O significante do signo linguístico é uma "imagem acústica" (cadeia de sons). Está no plano da forma. O significado é o conceito, reside no plano do conteúdo (Ferdinand Saussure). Assim, a imagem acústica corresponde ao significante; o conceito, ao significado.

Conjuntamente, significante e significado formam o signo linguístico em que um dá materialidade ao outro.

Um nome absorve e transforma a imagem de uma organização, que, ao mesmo tempo, é revelada e escondida por um escudo de significado. A absorção da imagem que é formada diferencia a organização das demais, permitindo concepções que se criam em torno desta, fazendo-a mais real.

Desta forma, o próprio nome da organização fica carregado de um significado que substitui o conhecimento por uma emoção, que gera sentimentos de atração, afastamento ou ambos.

## DO NOME AO TEXTO

Um nome representa não apenas uma questão linguística, mas também um texto, um conjunto de significados. Além do nome, recorre-se a textos para prover simplificação, estabilidade, conformidade.

Enquanto um nome (significado) se espalha invisivelmente, um texto apresenta explicitamente características que a organização quer destacar. Em vez de associações vagas ao nome, há uma sentença, uma declaração explícita do texto. Uma organização pode buscar essas associações como um meio de criar uma imagem, mas, ainda assim, a organização é incapaz de controlar os padrões de significado.

Segundo o filósofo francês Paul Ricoeur (1913–2005), um texto é qualquer discurso acomodado na forma escrita. Uma organização obtém acesso a ela mesma mediante uma autodescrição. Essa autodescrição é um "contrato" pelo qual uma organização se compromete com um determinado público. No entanto, também encontra acesso a si própria mediante descrições externas, de modo que os textos criados a partir de perspectivas diferentes, com orientações distintas, competem pela alma organizacional.

A orientação para o futuro legitima uma série de desvios da verdade e a supressão discreta do que é conhecido como verdadeiro. O texto não está mentindo, mas não apresenta toda a verdade. Com a desculpa de que nenhum texto pode apresentar toda a verdade, a organização se permite omitir o que não é de seu interesse, ainda que se trate de uma informação altamente relevante.

Ainda que um texto não mude, este só pode contribuir para a comunicação mediante uma interpretação que o ative no presente e se abra para conflitos. Um texto é construído com base na experiência, mas a mesma realidade permite textos diferentes, dependendo de distinções orientadoras, perspectiva, conhecimento e sentimentos.

> *Estudos de cultura organizacional distinguem premissas básicas, as quais são inconscientes, e valores, que são manifestações. Nas premissas básicas, encontramos a organização como ela é, ou seja, sua identidade assumida. Nos valores, a encontramos como parece, ou seja, sua imagem. É importante que se faça essa distinção, porque uma organização pode se esconder atrás de um texto idealizado sobre si mesma, a fim de se beneficiar disso.*

Uma descrição oficial de uma organização é idealizada porque seu objetivo não é apresentar fatos. É também uma ferramenta de comprometimento e motivação. Ao criar fatos, contribui para minimizar a diferença entre o ideal e o *status quo*.

Mesmo que o público possa não estar em posição de distinguir entre o que é verdadeiro e o que é falso, um texto organizacional busca um equilíbrio delicado entre "verdade demais" e "pouca verdade". O texto mescla o que a organização era e o que a organização é, adicionando uma moral "o que deveria" e um futurista "gostaria de ser". A apresentação do texto que trata da imagem de um futuro que pode se tornar realidade conquista o apoio de empregados, público, acionistas e clientes.

Textos organizacionais normalmente são observados com alguma tolerância.

## DO TEXTO À HISTÓRIA

O texto é uma construção estática, ainda que possa ser interpretado dinamicamente. Descreve um estado presente ou pode se desenrolar ao longo do tempo, como em uma história.

Uma história tem um conteúdo, que é temporário, geralmente com um arranjo sequencial de eventos, causado ou vivenciado por uma ou mais pessoas. Pode ser descrita como a representação simbólica de uma série de eventos, conectados por um tema e relacionados ao longo do tempo. No caso das histórias organizacionais, o personagem principal é a própria organização.

Uma história desdobra-se em eventos, os quais são trazidos em um formato abrangente e gerenciável, tornando o invisível (imaterial) algo observável. Ainda segundo Ricoeur, uma história se compõe de eventos, assim como eventos compõem uma história. Uma organização se compõe de eventos, assim como eventos compõem uma organização, de modo que esta se torne o enredo, definido como "o todo compreensível que estrutura uma série de eventos".

Uma organização não é uma estrutura teórica, mas uma sequência histórica, "o jeito que aconteceu". Enquanto uma teoria deve especificar seus pressupostos, dados e método, uma história pode apenas começar e envolver o público.

Confinada a uma sequência específica de experiências e ações, a história pode lidar com informações inacessíveis a uma teoria. Teoria e história não competem: são formas complementares de descrição.

*Uma história revela eventos que são trazidos para um formato abrangente e gerenciável no tempo e no espaço, tornando o invisível observável. Uma história é uma máquina para lembrar, um silogismo temporal, como denomina o crítico literário estadunidense Peter Brooks.*

Uma história obtém, segundo Luhmann, a vantagem de não precisar incluir suas condições prévias nem de se tornar aplicável. Pode mergulhar diretamente em uma sequência de eventos, chamar a atenção do público com um drama, um suspense, e deixar para as suas considerações "a criação de uma imagem abrangente, o preenchimento de lacunas e o desenho de pré-condições ocultas".

A propósito, uma imagem é um símbolo quando implica mais do que seu significado imediato. Segundo o psiquiatra suíço Carl Jung (1875–1961), símbolos idênticos poderiam surgir em qualquer lugar do mundo porque foram gerados pelo mesmo inconsciente humano. A esses símbolos, ele deu o nome de arquétipos, padrões de experiência primordiais, como tivessem sido herdados desde o início dos tempos.

O final de uma história é o que mais atrai, mas, para uma organização, o futuro é o que mais atrai, porque, entre outras coisas, esta não deseja prever seu próprio fim. As organizações não têm ambições de pôr um fim às suas histórias ou a si mesmas como uma grande história. Como aponta o professor Ole Thyssen, uma organização conta histórias sobre seu passado, presente e futuro, de forma que seu passado heroico possa repercutir "em seu presente arrebatador e em seu futuro auspicioso".

As histórias oficiais da organização têm um propósito. Tendem a ser positivas ou mesmo devocionais. Uma organização sabe que tanto a crítica quanto o otimismo são contagiosos. Por isso procura motivar pelo otimismo e tenta evitar a desmotivação suprimindo as críticas. A função da história organizacional pode ser perturbadora, mas não a ponto de desencorajar empregados, clientes ou o público.

Enquanto as histórias fictícias são melhores, sendo mais abertas e exigindo mais interpretação, as histórias organizacionais são sobre pessoas que influenciam seus destinos. Nesse sentido, organizações incluem momentos políticos e ideológicos.

As histórias organizacionais são múltiplas, uma vez que a mesma sequência de eventos pode ser narrada de maneiras diferentes, dependendo da escolha da perspectiva, do que norteia a organização, do foco em determinadas causas e dos temas classificados como prioritários.

Não há apenas histórias sobre sucesso e fracasso, mas também histórias com sucesso ou fracasso. Isso acarreta uma vez mais a pergunta: qual história prevalece? Ao contrário de um falso manual do usuário de "como as histórias têm impacto", com etapas de um sucesso garantido, só se pode responder por meio da conexão entre gestão e retórica.

## A RETÓRICA

A retórica congrega nome, textos e história, e sua utilização pelos gestores é uma forma de gerir a imaterialidade, a invisibilidade. Portanto, a gestão da retórica faz com que uma organização se torne visível, ou seja, torne possível o acesso a uma organização invisível, já que é constituída essencialmente de comunicação.

A responsabilidade para os textos e histórias da organização cabe à gestão que a representa, que descreve e decide em nome da organização. Representação implica simbolismo e visibilidade, desde que signifique "estar presente em nome de alguma coisa ou de alguém".

A retórica fornece meios de (e por isso impacta a) identificação e proteção da organização. Pode ser apoiada por logotipos, argumentos racionais (*logos*), reputação (*ethos*) e apelo a emoções (*pathos*).

## SOBRE A RETÓRICA DOS GESTORES

Para tornar a organização visível, a prática retórica de um gestor deve incluir ficção, metáforas e simplificações, de forma que a descrição da organização se torne tão abrangente quanto atraente.

Muitas vezes relaciona-se retórica ao uso de uma linguagem elaborada, ainda que vazia de ideias claras e emoções sinceras. A retórica é uma eloquência artificial, a capacidade de argumentar a favor ou contra. É a arte da persuasão, segundo Aristóteles. De qualquer forma, o uso da retórica acarreta efeitos importantes: faz com que o público esqueça ou releve ambiguidades e contradições e apoie a grande narrativa organizacional, a versão oficial.

A retórica não é uma questão de truques, embora também tenha os seus. Formulando de outra maneira, "um príncipe deve ser um mestre das ilusões e ser capaz de fingir e dissimular", segundo Maquiavel. Quando demandas conflitantes são direcionadas a uma organização, o gestor deve ser capaz de diferenciar os meios disponíveis de persuasão de acordo com as diversas partes interessadas, para que se mantenha a legitimidade e se evite que alguma contradição seja evidenciada.

Mesmo sem mentir diretamente, o gestor acaba por dizer algo diferente e apelar a valores diferentes, dependendo de a quem se dirige: empregados, público em geral, grupos ambientais, conselho etc. O gestor com habilidades retóricas e linguagem metafórica corporifica emoções e demonstra empatia — fala de sentimentos de outras pessoas como se fossem os seus.

Assim como o uso da retórica, as metáforas se relacionam à mística da organização (processo de mistificação se dá quando a lógica é sobrepujada por sentimentos). Ao usar uma linguagem metafórica, os gestores obliteram ambiguidades e contradições. Retórica e metáforas são recursos poderosos na gestão da imagem organizacional.

A função cognitiva das metáforas é analisada há tempos, como foi pelo filósofo italiano Giambattista Vico (1668–1744), por meio de fábulas, contos épicos e mitos. Na transformação dos estados de abstração e consciência, as metáforas funcionam como pontes, conexões entre lógica e simbolismo. Mesmo com toda a imperfeição em um sistema de comunicação, metáforas ajudam a expressar sentimentos e, portanto, são formas fundamentais de manifestação de processos cognitivos.

> *Uma organização é, em essência, comunicação e, portanto, é invisível. A existência de algo com o qual estamos profundamente familiarizados é essa exposição a mecanismos discursivos que nos permitem observar uma organização, apesar de sua invisibilidade.*

Os nomes robustos, os textos com descrições sugestivas, as histórias heroicas e os gerentes otimistas estão atuantes, à distância ou não, em meio a uma realidade confusa, muitas vezes incompreensível, que encontra nossos sentidos enquanto vivemos o dia a dia das organizações.

A retórica da gestão se dá pela utilização de estratégias de comunicação destinadas a influenciar a percepção e as interpretações de um determinado público. Como um conjunto de técnicas, fundamenta-se na premissa de que a construção da imagem afeta a percepção das pessoas.

As organizações se envolvem com o gerenciamento da retórica em suas relações com seus profissionais, clientes, governo, conselhos, outras organizações e outros atores que influenciam (ou são influenciados por) seu desempenho. Tais estratégias de comunicação, devido à ambiguidade e ao baixo nível de estruturação demandado para sua concepção, são largamente aplicadas nessas relações.

Os gestores são os grandes responsáveis pela disseminação dessas estratégias nos ambientes de suas relações. Utilizam e gerenciam metáforas e retóricas para influenciar comportamentos, alcançar níveis de conformidade e atender aos requisitos de estabilidade. Buscam criar um entendimento comum sobre os eventos do contexto organizacional e das relações que estabelecem. Na gestão da retórica, discurso e imagem se sobrepõem à realidade.

# HISTÓRIAS NO MUNDO DIGITAL

*"A tecnologia é a fogueira em torno da qual contamos nossas histórias."*
Laurie Anderson (artista performática)

Diretora de comunicações da McCrindle (empresa australiana de pesquisa e tendências em comunicação), Ashley Fell nomeia esta era de ruptura digital de "a grande tela". Com base em sua experiência em gerenciamento de relações com a mídia, plataformas de mídia social e criação de conteúdo, informa que desde 1997 temos passado mais tempo em nossos dispositivos do que com pessoas presencialmente.

Vivemos em tempos tecnologicamente integrados, tempos de saturação de mensagens e sobrecarga de informações, em que nossos períodos de atenção são curtos. Assim, o mundo saturado de mensagens onde vivemos mudou o aprendizado, a forma de interagir e de compartilhar.

Ao se observar como o cérebro retém informações, percebemos que as palavras são processadas pela memória de curto prazo, enquanto as imagens vão diretamente para a memória de longo prazo. Como o cérebro está programado para processar imagens visuais, tem-se buscado apresentar informações de uma forma que agrade à mente visual.

Na comunicação de dados, o trabalho é passar do complexo ao simples, uma vez que o cérebro naturalmente se envolve mais com o humano, com o que se relaciona, ou seja, mais com uma história do que apenas com dados, informações e complexidade.

Quando pensamos em histórias envolventes, sejam estas romances, infográficos ou canções, pensamos nos aspectos de interesse, instrução, envolvimento e inspiração.

Grandes histórias despertam interesse e captam nossa atenção. Grandes histórias instruem e comunicam significados. Grandes histórias nos envolvem. E, o mais importante, uma grande história nos inspira. Conecta-se não apenas com a mente, mas também com o coração.

Sabemos que a mente busca direção e coerência. Pesquisadores navegam em planilhas, analisam o que intriga e o que interessa nos dados. Preenchem os espaços em branco e se comunicam por meio de infográficos e apresentações visualizadas. Mas acreditam que a pesquisa será melhor apresentada quando conta uma história.

Ashley, ao discorrer sobre o poder de histórias ricas em dados e como usá-las nesses tempos saturados de mensagens, indica três elementos principais quando se pensa em recursos visuais que criam interesse e envolvem as mentes: a cor (olhos e mentes são atraídos pela cor); a imagem (o conteúdo do visual); e o movimento (movimentos atraem e retêm nossa atenção). Isso explicaria, por exemplo, segundo ela, a popularidade do YouTube, cuja audiência questionaria "Por que o haveríamos de ler, quando poderemos assisti-lo?".

Conhecendo como a mente reage às imagens — está programada para envolver e reter informações visualmente —, o interesse deve ser criado por meio de uma história a ser contada. Isso implica comunicar informações importantes de maneiras visuais, transformando os dados em uma história.

*Comunicar-se (fazer conexão) em tempos de mudança, em uma era de saturação de mensagens e rupturas, é realmente desafiador. Há de se eliminar o ruído, captar a atenção e conseguir ser ouvido.*

Mas, mesmo em um mundo de telas, mídia social e tecnologia emergente, é o poder atemporal da narrativa — aproveitando a plataforma visual incomparável que é a mente humana — que melhor informa, instrui, envolve e inspira o público.

Boas histórias não apenas promovem o negócio, mas também aumentam a confiança dos consumidores na marca. São o ponto de partida para uma marca obter sucesso em plataformas de mídia social, com um conteúdo que inspira discussões.

O poder das histórias na era digital nunca foi tão importante, considerando a grande tela em que vivemos hoje. A atual situação digital testemunha o domínio das plataformas sociais e uma revolução da mobilidade. Praticamente não há restrições quando se trata de produzir e publicar conteúdo, o que também vale para os canais de difusão destes.

O ritmo digital veloz — traduzido diariamente pelo acesso frenético a dispositivos e plataformas para consumir conteúdo diferente — faz com que a atenção fique cada vez mais reduzida. Assim, os usuários impõem filtros instintivamente para consumir apenas o conteúdo de que gostam e no qual confiam.

Com esse quadro, entregar uma história relevante e envolvente torna-se ainda mais desafiador. Para estabelecer relacionamentos significativos com seus públicos, os profissionais de marketing e marcas devem dominar a arte de contar histórias e rever totalmente a criação e divulgação de anúncios, levando-se em conta que:

- há uma maior segmentação do público (ressonância da mensagem);
- a produção de mensagens ocorre para diferentes canais e dispositivos;
- os anúncios devem se mover entre os dispositivos (a exemplo do que os consumidores já fazem);
- há um melhor formato de história para cada canal no qual se pretende apresentar (por exemplo, a rolagem no celular é mais rápida, portanto, deve ser mais atraente).

Essas são considerações necessárias para fazer com que um usuário se envolva e decida fazer uma compra.

O ambiente digital de hoje é agitado e difícil de acompanhar, mas oferece oportunidades para uma produção de conteúdo se destacar, ao utilizar, para a marca, uma narrativa eficaz.

## TRANSPORTAÇÃO NARRATIVA

Uma história captura o relato de um contador de histórias sobre um evento ou uma sequência de eventos, levando a uma transição de um estado inicial para um estado (resultado) posterior.

A transportação narrativa é uma forma de resposta experiencial às histórias que envolvem e transformam o público.

O modelo de imagens demonstra que uma história envolve os clientes por meio de uma transportação narrativa, quando um consumidor demonstra empatia com os personagens da história e o enredo ativa sua imaginação, o que o leva a vivenciar a realidade suspensa durante a recepção da história.

Com isso, as pessoas são afetadas mentalmente, tendo reduzida sua motivação para contra-argumentar. São levadas para a narrativa, onde suas respostas emocionais são estimuladas. O efeito de transportação narrativa se manifesta nas respostas afetivas e cognitivas dos receptores da história. Crenças, atitudes e intenções são resultados de terem sido arrastados por uma história e transportados para um mundo narrativo que modifica sua percepção do mundo de origem.

O efeito da transportação narrativa tem o potencial de durar e até aumentar ao longo do tempo, o que pode permitir retornos mais elevados sobre o investimento feito em publicidade.

Esse potencial atraiu o interesse dos profissionais de marketing e muita grana é investida em histórias digitais, mas ainda é insuficiente a compreensão de como as histórias comerciais funcionam no mundo digital. Poucas marcas geraram um interesse significativo do consumidor online, comparativamente. Além disso, o aumento da criatividade do consumidor na produção de histórias autônomas dificulta a persuasão das histórias de marca, o que reduz o retorno esperado das empresas. Há mecanismos e riscos específicos que caracterizam a narrativa em ambientes digitais.

Existem pesquisas confirmando que histórias digitais são capazes de aumentar o efeito de transportação narrativa ao explorar, por exemplo, novas tecnologias, como inovações em realidade virtual (RV) e a ascensão da inteligência artificial (IA). Essas fornecem oportunidades inspiradoras para aumentar o envolvimento do cliente em um ambiente tecnológico no qual os modos de comunicação analógica e digital disputam a atenção.

A RV mantém a promessa de criar uma experiência de narrativa verdadeiramente envolvente. Por exemplo, a Etihad Airways desenvolveu um filme de realidade virtual chamado *Re-imagine*, com Nicole Kidman. O filme leva os espectadores equipados com um fone de ouvido "Google Cardboard" de Nova York a Abu Dhabi, e os convida a compartilhar essa experiência de luxo com personagens variados.

Entre outras possibilidades para o futuro da narrativa, destaca-se o trabalho imersivo do cineasta mexicano Alejandro Iñárritu, *Carne y Arena*, resultado de um projeto de RV. Neste, apresentado numa exposição de arte na Fondazione Prada em Milão, os espectadores puderam viver virtualmente a experiência de refugiados mexicanos cruzando ilegalmente a fronteira com os EUA. Os visitantes foram expostos a histórias mediadas digitalmente.

A transformação que esse tipo de envolvimento do cliente alcança é uma persuasão narrativa. Segundo os professores Tom van Laer (University of Sydney), Stephanie Feiereisen (Montpellier Business School) e Luca M. Visconti (*Università della Svizzera italiana*), a persuasão narrativa é diferente dos resultados de engajamento do cliente que uma publicidade tradicional busca. Segundo eles, há maior intensidade de trocas sociais, uma vez que:

1. O domínio de uma história (o hibridismo de conteúdo comercial e não comercial) é relevante para avaliar os retornos adequados de seus investimentos em histórias digitais, isto é, verificar a eficácia das histórias comerciais no aumento da transportação narrativa.

2. As histórias geradas por usuários versus profissionais (as fontes de histórias) refletem interações (web e mídia social) que incluem conteúdo narrativo gerado por amadores. A fonte da história é relevante porque os usuários amadores frequentemente se envolvem na geração de conteúdo em mercados contemporâneos, como plataformas de mídia social. Há de se verificar se essas

vozes do usuário estão adequadas ao efeito de transportação narrativa.

3. O aumento do número de produtores amadores de histórias faz com que os clientes encontrem ou estejam expostos a histórias por conta própria, e não por meio da companhia. Cada vez mais receptores processam diferentes histórias da mesma organização.

O número de marcas que buscam predominantemente o tipo narrativo para envolver o cliente tem crescido e abrange muitos setores: bens de consumo (Aquafresh, Coca Cola, Corona, M&M), luxo (Kenzo, Mercedes, Moët & Chandon, Prada), máquinas (Caterpillar), serviços (Air France, Google) e mídia social (Instagram Stories). A Chanel tem sido um precursor histórico em confiar no poder de contar histórias para desenvolver "Produtos com alma". Os vários filmes digitais "Inside Chanel" (inside.chanel.com) contam a história da fundadora Coco Chanel, seu mundo e alguns de seus produtos. Em outro exemplo, Yves Saint Laurent adaptou sua narrativa da fragrância Black Opium para atender a cinco perfis de clientes diferentes, que foram segmentados de acordo com suas necessidades narrativas específicas (aventura, romance, conexão social).

Segundo os professores citados, ainda que a transportação narrativa seja semelhante a outros constructos, como envolvimento do cliente, envolvimento da mídia e engajamento narrativo, há diferenças que devem ser destacadas:

- O envolvimento do cliente é um conceito mais geral, enquanto a transportação narrativa é uma experiência temporária envolvente, consta especificamente de histórias que não são necessárias a todos os tipos de clientes.

- O envolvimento da mídia é a soma das experiências motivacionais dos consumidores. É uma resposta experiencial aos elementos estéticos e visuais das imagens, enquanto a transportação narrativa depende de uma história que pode não incluir conteúdo visual (por exemplo, histórias impressas ou podcast).

- Engajamento narrativo é a experiência de se engajar com uma narrativa por meio de múltiplas dimensões relacionadas à compreensão, ao foco de atenção, à emoção junto aos personagens e à sensação de estar lá naquele mundo narrativo. Numa transportação narrativa, os receptores da história usam sua imaginação do enredo para co-construir a narrativa.

Embora existam abastados orçamentos de marketing para criação de histórias digitais, as abordagens dos efeitos de transportação narrativa ainda são muito teóricas para serem diretamente aplicáveis. Há muito de tentativa e erro.

De qualquer forma, as decisões de narrativa digital dos profissionais de marketing têm incluído:

- estágio de criação de histórias: a maneira como uma história deve ser feita;

- estágio de narrativa: por quem a história deve ser entregue; e

- fase de recepção de histórias: para quais públicos devem ser orientadas.

Faz-se uma pesquisa para cobrir amplamente o estágio de criação de histórias, identificando os elementos (personagens, clímax, enredo, um resultado claro) que provavelmente exercerão um efeito principal na persuasão de uma história.

## CONTAR HISTÓRIAS EM AMBIENTE TECNOLÓGICO

À medida que a humanidade mergulha na era digital, as histórias se tornam mais prevalentes e onipresentes do que nunca. O uso de contar histórias como estratégia de engajamento do cliente está aumentando em uma série de domínios, incluindo *branding*, pesquisa de mercado, desenvolvimento de novos produtos, comunicação C2C online.

Enquanto a maioria dos modelos de comunicação teoriza apenas relações lineares entre remetentes e destinatários, há de se investigar fatores que permitem percepções significativas adicionais, levando-se em conta a relevância das histórias para a tomada de decisão, as experiências dos clientes, a compreensão do funcionamento e da aplicação da narrativa digital, por parte da prática gerencial.

As histórias contadas utilizando-se redes sociais são influentes porque estão disponíveis em tempo real e são digitais, dinâmicas, ubíquas e visíveis. A atenção dos receptores de história em um ambiente tecnológico em evolução vincula-se também à educação, à familiaridade, ao gênero, à transportabilidade.

As tecnologias combinadas com o gerenciamento de *Big Data* alavancam a elaboração e o fornecimento de conteúdo narrativo específico adaptado ao perfil e situação do cliente.

Dispositivos móveis são ferramentas de comunicação individualizados e, como tal, podem ser aproveitados para narrativas direcionadas, o que aumentaria o efeito de transportação narrativa, respeitando-se as devidas questões de privacidade.

A RV, definida como uma experiência imersiva, interativa e multissensorial, tem o potencial de fortalecer o envolvimento de histórias comerciais e não comerciais. Além disso, a IA oferece possibilidades para uma narrativa comercial mapear, por exemplo, a forma emocional das avaliações de clientes online, revelando caminhos que afetam a classificação e a visibilidade das decisões de compra dos leitores.

No geral, esses desenvolvimentos tecnológicos têm o potencial de permitir que os contadores de histórias contem relatos ainda mais atraentes, o que provavelmente aumentará o poder envolvente da narrativa e, portanto, o efeito de transportação narrativa.

## TRABALHO IMATERIAL

No contexto de transformações técnicas e gerenciais no mundo do trabalho, há de se discutir a noção de trabalho imaterial, considerando-se uma base tecnológica de novos paradigmas produtivos, para a interpretação da realidade atual do trabalho.

O trabalho imaterial é constituído por uma força de trabalho social com uma capacidade existente (ainda que não a exerça) de organizar o próprio trabalho e as próprias relações com a empresa.

Com a emergência de novas formas produtivas, de novas tecnologias de informação e comunicação, assistimos a um deslocamento da própria função produtiva para as atividades imateriais.

O trabalho imaterial, resultante desse deslocamento (da produção de mercadorias para produção de conhecimento), foi viabilizado pela incorporação de novas tecnologias de comunicação e informação de redes técnicas e sociais, além do rearranjo do trabalho que eliminou a separação entre trabalhador e meios de produção, trabalho e lazer, vida profissional e vida pessoal. A produção de riqueza não é mais a fábrica, a empresa. Não lemos um livro, não assistimos a um filme, não vemos TV: consumimos um livro, consumimos um filme, consumimos TV.

Essa produção em rede é produção de conhecimento, cooperação e compartilhamento. O filósofo italiano Antonio Negri destaca que "o mais importante capital fixo, aquele que determina os diferenciais de produtividade, está no cérebro das pessoas que trabalham: é a máquina-ferramenta que cada um de nós traz em si".

*Na produção fordista, de chão de fábrica, a atividade do trabalho podia ser muda, silenciosa. Hoje o trabalho vivo e imaterial implica que, como condição de execução plena, o trabalhador seja loquaz: o trabalho atual reside em interações e relações.*

*O sociólogo italiano Maurizio Lazzarato diz que, nessa fábrica falante, a relação estabelecida entre linguagem e trabalho determina um "excedente de produção linguística" que produz novas expressões, novos valores, novas formas de vida, novas linguagens. Esse excedente é em si um ato criativo.*

No regime do trabalho imaterial que investe diretamente nas capacidades linguísticas do trabalhador enquanto *commodity*, o corpo passa a ser o lugar das estratégias de mensuração.

Ainda conforme Lazzarato, o trabalho imaterial acontece em um espaço comum, universal e sem fronteiras territoriais, com múltiplos atores e subjetividades em ação. No lugar da aferição da força de trabalho, produtividade e valor, presentes nas tradicionais teorias econômicas, tem-se agora uma subjetividade que não se sabe bem como medir de forma acurada. A substituição das medidas tradicionais de tempo e valor da força de trabalho pela subjetividade assinala um momento de ruptura e marca um processo de contínua reinvenção, constituindo um novo espaço.

A riqueza é hoje produzida por meio de uma contínua colaboração e cooperação entre as pessoas (capital humano). O filósofo austro-francês André Gorz (1923–2007) apontava que "o principal valor das organizações pós-fordistas está na capacidade incessante da produção da empresa e da produção da própria vida dos sujeitos que vivem e trabalham, de saberes que se reproduzem e conhecimentos que se constituem e são apropriados".

> *Ao diferenciar saber de conhecimento, Gorz dizia que saber é competência, know-how, uma prontidão para fazer e agir de uma determinada maneira que é quase automática, um saber-fazer corporificado. O saber tem, portanto, uma relação intrínseca com o corpo, o sujeito e a ação. O conhecimento é construído com base nos saberes e é homologado pelas instituições e organizações como seu principal valor, como capital — além da dimensão da produção capitalista.*

O conhecimento ter se tornado a principal força produtiva significa que o valor de produtos e serviços é determinado por um conjunto de conhecimentos. Essa principal forma de trabalho e do capital é ainda mensurada imprecisamente. Nos ditames da economia, não há valor sem estar atrelado a uma grandeza e não se pode atribuir valor ao que não se pode produzir nem permutar. Como não se pode expressar o conhecimento em unidades de valor, sua avaliação como capital se inviabiliza.

Frente a essa incongruência, Gorz escreveu que o capitalismo cognitivo é a crise do capitalismo, crise esta que afeta as estruturas de uma sociedade em um sistema econômico que não conhece outro valor a não ser o comercial.

As empresas fordistas, que organizavam o trabalho com base na separação entre trabalho intelectual (planejamento) e físico (execução) e na necessidade de medir e atribuir valor, são substituídas continuamente por amplas redes de produção de saberes, conhecimentos, tecnologias, hábitos, modos de vida etc. Visam aumentar a cooperação entre pessoas e empresas, mediante trocas e inovações comuns que servem de base para uma globalização em massa.

Sendo o conhecimento o novo fator produtivo essencial, as relações de produção se apresentam como formas de produção e reprodução de subjetividades. O capital intelectual circula em relações que demandam a adesão "voluntária" ao trabalho, o espírito de liderança, o "espírito de dono", a participação. Tudo em nome da competitividade.

No entanto, ao mesmo tempo, a cultura do controle se estende aos aspectos de motivação e subjetividade. A relação que se estabelece entre empregabilidade, efetividade e competitividade demanda um comprometimento de ordem afetiva, um profissional comprometido afetivamente com os padrões organizacionais.

Essa demanda direcionada a esse novo perfil vem envolta em campanhas de engajamento. Mas a capacidade de adaptação e a flexibilidade desse profissional simbolizam menos uma autonomia e mais a sobrecarga, a intensificação dos ritmos de trabalho e o aumento de responsabilidades. Esse quadro gera tensão, já que vem acompanhado da desestabilização nas relações funcionais, onde a ameaça de desemprego é crescente.

> *No fordismo-taylorismo, há o caráter operativo do trabalhador. No pós-fordismo, há o caráter cognitivo e afetivo. De qualquer forma, em muitos setores, percebe-se o esforço de objetivação, expropriação, despersonalização e padronização, mesmo de gestos e atitudes, do conhecimento tácito do trabalhador.*

Nas relações sociais de produção, no modelo produtivo pós-fordista, exige-se do trabalhador uma capacidade de escolha e de tomada de decisões, já que "é a sua subjetividade que deve ser organizada e comandada".

Apesar da relação com novas tecnologias, muitos dos saberes exigidos são mais operativos e menos cognitivos do que em outros modelos, nos quais o próprio trabalhador avaliava o problema e o solucionava. *Just a click away*: inúmeras vezes, com um simples *click*, o caráter cognitivo do trabalho (já objetivado em aplicativos e softwares) é acionado. Do trabalhador, o domínio operacional é mais demandado do que a capacidade de decisão (limitada, na maioria das vezes, ao domínio técnico e operacional).

Pode ser discutido se o trabalho imaterial transforma, por determinação técnica, a força de trabalho, verificando se esse indivíduo social, o novo operário, estaria exercendo plenamente sua dimensão intelectual ou apenas colocando sua capacidade cognitiva a serviço do modelo produtivo em vigor.

Ao que parece, o conhecimento, fator estratégico na produção, não pertence totalmente ao trabalhador, mas é controlado, objetivado e expropriado. Os investimentos em mapeamento de competências e em objetivação do conhecimento tácito respaldam esse contexto, ou seja, demonstram que o capital não abriu mão de seu controle sobre o processo produtivo.

Acho que somente com profundas transformações nas relações sociais de produção o exercício pleno da dimensão intelectual poderá acontecer.

Considerando a complexidade das transformações vividas no mundo do trabalho, devemos refletir se as mudanças técnicas nos processos produtivos representam ou não uma ruptura com o processo de divisão social do trabalho (propriedade privada e concentrada dos meios de produção) e com a lógica de controle político e econômico da produção, de circulação de mercadorias na esfera da produção imaterial.

*O trabalho imaterial não se esgota na produção de bens materiais ou mercadorias específicas, e confere a esta atividade atributos como imprevisibilidade, capacidade de criar o novo, de executar alternativas. Há uma busca frenética pela produção de um real sempre novo, uma inquietude para constituir novas formas de relação com o outro na rede de produção, de reprodução social.*

Para que a potencialidade humana se consolide nos espaços econômicos e sociais, resistências e subjetividades têm de emergir na realidade, para intensificar os desejos de transformar o mundo, instituindo novas formas de relação.

A economia do conhecimento é uma forma de capitalismo de domínios estendidos, por redefinir suas características de capital, trabalho e valor. Nessa economia, o trabalhador passa a ser alguém cuja essência não está nas competências profissionais, mas nas habilidades sociais, no comportamento que denota as capacidades de improvisação e de cooperação, aliás adquiridas fora do ambiente de trabalho. Ainda que isso seja um recurso externo, as empresas consideram que esse capital humano lhes pertence. Atuam na mobilização de capacidades e disposições, incluindo as afetivas.

Esse trabalhador procura então explorar suas capacidades fora do trabalho, em um processo de autoafirmação de que ele pode mais do que realizar profissionalmente. Sendo este um capital que demanda continuamente modernização, valorização, ampliação, o indivíduo se vê transformado numa empresa. Ocorre a proliferação do autoempreendedorismo.

O momento global atual, que gera hordas de desempregados, é um fenômeno que decorre tanto do subconsumo como do contexto no qual o capital precisa de cada vez menos trabalho de produção material. Diante dos desafios da economia mundial, valem reflexões profundas sobre as relações de trabalho, o conhecimento e o capitalismo.

# LINGUAGEM COMO DIMENSÃO DO TRABALHO IMATERIAL

A capacidade linguística, enquanto faculdade biológica, distingue a espécie humana. É uma potencialidade inerente à nossa espécie, ou seja, uma possibilidade de acesso a uma linguagem que se constitui e se recria.

Para o semiólogo italiano Paolo Virno, a cognição humana é fruto de atividades biológicas considerando que os sentidos são da fase pré-individual, ou seja, da fase que consta de percepção sensorial (entre outros aspectos biológicos) e que não é influenciada até então pela vida pessoal.

A linguagem é, neste sentido, pré-individual, genérica e indiferenciada. Justamente por se tratar de algo ainda não individual é que se faz referência à potencialidade, isto é, a possibilidade de tornar-se, de vir a ser. A potencialidade é a realidade pré-individual que cada ser possui. É a partir desta que pode emergir a forma singular, a individuação.

A realização das potencialidades da natureza pré-individual ocorre por meio do processo de socialização, compreendendo relações e ambiente, o que acarreta a individuação.

*Individuação (diferente de individualização) refere-se ao processo que permite ao ser humano tornar-se singular, único, por meio da comunicação. O processo de individuação vincula-se à dimensão subjetiva, social, pública e coletiva do uso da linguagem.*

*São os sentimentos (os tons emocionais) que intermedeiam a relação entre os estados pré-individual e individuação. Desta forma, a natureza não é o oposto do ser humano, mas seu primeiro momento. O momento seguinte advém da interação entre indivíduo e ambiente.*

## FALA E PENSAMENTO

Paolo Virno diz que a linguagem na espécie humana é uma atividade sem obra, porque está na própria natureza do homem. Em seu trabalho *"Quando il verbo si fa carne — linguaggio e natura umana"*, ressalta que nunca podemos apreender o homem separado da linguagem. A atividade linguística, em seu conjunto, não é produção nem cognição, mas, sim, a ação.

Para Merleau-Ponty (1908–1961), a fala confere uma existência ao pensamento, ao constituir uma ação com significado. É um corpo que percebe, que "não é apenas visto ou ouvido, mas vê e ouve".

A linguagem envolve uma dinâmica constante entre potência (possibilidade) e ato (a presença, a ação agora), mas sem um roteiro prévio. Este vai sendo criado ao longo do ato de falar, na própria elocução. Na dimensão pública e política intrínseca da linguagem, a atividade verbal ganha corpo com o próprio sujeito da linguagem.

O psicólogo bielorrusso Lev Vygotsky (1896–1934), que vem sendo mais estudado nos últimos anos, destacou o caráter pré-individual e social da linguagem. Para ele, o uso da fala, desde o princípio, é interpsíquico, público, compartilhado, impessoal. Não se trata de partir de uma condição inicial e individual rumo a uma socialização: "O movimento real do processo de desenvolvimento do pensamento se dá não desde o individual ao socializado, mas desde o socializado para o individual."

O trabalho de Vygotsky tem influenciado pesquisas sobre atividade cognitiva, onde funções mentais como memória, percepção e atenção são organizadas na atividade humana, transformando-se como função das condições sociais e do desenvolvimento.

Começamos a perceber o mundo não somente pelos olhos, mas também pela fala. Há um imediatismo da percepção, no qual a fala torna-se fundamental no desenvolvimento cognitivo. O papel da linguagem faz com que elementos independentes num campo visual sejam percebidos simultaneamente, um caso de percepção visual integral. A fala requer um processamento sequencial. Linguagem e percepção estão ligadas, mas são instâncias independentes.

## LINGUAGEM E INDIVÍDUO SOCIAL

A linguagem nos processos de comunicação se refere à realidade pré-individual de cada sujeito (ser biológico) e ao indivíduo (ser social), que emerge da singularização observada na multidão. O social abrange o conjunto das forças produtivas.

Entendendo-se multidão como uma rede de indivíduos com uma junção de singularidades, a multidão se apresenta na interseção entre o individual (cidadão) e o coletivo (produtor).

Cooperação e comunicação produzem subjetividade. Por sua vez, a subjetividade oriunda dessa relação produz novas formas de cooperação e novas linguagens, e assim por diante. A cada movimento de produção de subjetividade, obtém-se uma realidade mais abundante.

Esses movimentos, segundo Antonio Negri e Michael Hardt em "Multidão" (2004), abrem espaços para uma transformação social, ligando comunicação, produção e vida social "em formas de proximidade e cooperação cada vez mais intensas".

Paolo Virno, em "Gramática da Multidão", definiu a multidão contemporânea como uma combinação de indivíduos sociais, uma rede de singularidades com distintos processos de individuação que simultaneamente a constituem.

## LINGUAGEM E TRABALHO

O espaço da linguagem é o lugar onde conhecimento e comunicação (forças sociais) se colocam como as forças produtivas. A comunicação se torna a forma sob a qual se organiza o mundo, com novas subjetividades se constituindo dentro de outro contexto de trabalho.

Atualmente, o trabalho não deve ser discutido restringindo-se às dimensões técnicas ou tecnológicas, mas abrangendo outras possibilidades de criação, de socialização da criação e de distribuição desta criação. As relações de cooperação, advindas das transformações do trabalho, trazem novos paradigmas também para a linguagem.

*Há uma dimensão coletiva e social que caracteriza a atividade intelectual como fonte da produção de riqueza. Trata-se da inteligência social e compartilhada, criada a partir da acumulação de conhecimentos, técnicas e know-how. A atividade cognitiva, vista como atividade social, destaca a utilização de denominações (por exemplo: eu, o outro) na construção de relações, no comportamento social e na consciência.*

A linguagem é, portanto, uma dimensão do trabalho imaterial. É imanente à força de trabalho. É a recriação da realidade: a cada fala, uma recriação de acontecimentos e do próprio pensamento. É a construção e reconstrução dos mundos possíveis, com todos os seus objetos, acontecimentos, pensamentos.

Assim, organizar o mundo e o pensamento requer linguagem. Sem esta, o mundo humano desaparece. Mediante a linguagem, o homem é capaz de simbolizar, estabelecer uma relação de significação entre o que é real e sua representação.

São a linguagem dos indivíduos e a atividade comunicacional da força de trabalho, em suas formas de colaboração, que podem promover uma transformação social.

## ABORDAGEM DISCURSIVA E MUDANÇA ORGANIZACIONAL

Nas questões de desenvolvimento organizacional, há um crescente reconhecimento de abordagens baseadas em premissas e práticas oriundas e influenciadas por construção social e estudos de discurso organizacional. Tais abordagens se concentram em "mudar a conversa" como método para mudar os sistemas sociais.

As abordagens discursivas baseiam-se no preceito de que a linguagem, com suas metáforas e histórias, enquadra e constrói socialmente a realidade em resposta a indivíduos e sistemas sociais. A linguagem constrói o mundo em vez de relatar os fatos objetivos sobre o mundo.

Assim sendo, mudar o que as pessoas falam sobre as coisas (o que, quando, onde, quem, como), mudar a conversa, leva a mudanças organizacionais. As narrativas e histórias predominantes sobre mudanças são construídas e transmitidas por meio de conversas.

> *O discurso desempenha um papel central na construção da realidade social. Discurso e mudança interagem continuamente e existem vários níveis de discurso, moldados também pelo poder e por processos políticos, que afetam uma situação de mudança.*

Metáforas são importantes porque representam uma forma de modelo mental que enquadra, implicitamente ou não, uma experiência (com o que é ou então imaginar o que poderia ser). Diferentes ideias e ações resultam dessa metáfora operativa.

Ao trabalhar discursivamente, há de se considerar o seguinte: primeiro, as metáforas são comparações e analogias criadas conscientemente; segundo, metáforas são padrões cognitivos inconscientes que, implicitamente, estruturam e interpretam a experiência. Essas são metáforas conceituais que funcionam no inconsciente cognitivo.

As metáforas conceituais são discernidas ouvindo a estrutura implícita que organiza como algo é discutido (por exemplo, a escolha de palavras). As metáforas conceituais subconscientes são onipresentes, mas requerem uma escuta profunda para discernir a estrutura implícita e os significados que podem estar organizando as expressões.

A escuta profunda percebe as imagens de palavras, tanto as explícitas quanto as que podem representar temas subconscientes, recorrentes e relacionados. A escuta profunda percebe o significado criado pela pessoa, e não o significado atribuído àquela palavra pelo ouvinte.

O sentido daquilo que somos também depende tanto das histórias que nós contamos como das histórias que nos contam. Frente a tais histórias, deve-se considerar que:

1. o ser é impensável fora da interpretação (perspectiva hermenêutica);
2. o significado de um texto é impensável fora de suas relações com outros textos (perspectiva da semiologia);
3. o ser humano está em um mundo no qual o discurso funciona socialmente, em um conjunto de práticas discursivas que implicam jogos de poder (perspectiva pragmática-política).

Trata-se de uma linguagem autorizada. A relação de produção linguística depende da relação de força simbólica entre os dois locutores, ou seja, da importância de seu capital de autoridade (uma autoridade que não se confina ao capital linguístico).

*A língua não é somente um instrumento de comunicação, de conhecimento, mas um instrumento de poder. "Não se procura somente ser compreendido, mas também obedecido, acreditado, respeitado, reconhecido", como apontava o sociólogo francês Pierre Bourdieu (1930–2002), em* A Economia das Trocas Linguísticas.

A competência atrelada à linguagem é também a capacidade de se fazer escutar, como o direito à palavra, isto é, como linguagem autorizada, como linguagem de autoridade. Essa competência implica o poder de impor sua recepção. Outorga sua importância ao definir as condições de instauração da comunicação: o que se fala e com quem se fala. Os que falam consideram os que escutam dignos de escutar. Os que escutam consideram os que falam dignos de falar.

A empatia e a conexão com as pessoas com as quais se trabalha são fundamentais para ouvir, perceber, entender o que se está expressando. A sincronização é com o significado delas, isto é, o significado que tais pessoas atribuem. Assim se pode extrair suas imagens na linguagem de interação estabelecida.

Os aspectos mais poderosos de uma metáfora ou imagem de uma palavra serão, provavelmente, subconscientes ou inconscientes. Portanto, não será surpresa se houver negação ou uma postura defensiva ao se explorar aspectos não ditos ou negligenciados, com base no entendimento da situação.

Mas aspectos não ditos ou negligenciados na metáfora ou imagem, com base no entendimento da situação, precisam ser explorados. Para manter a conversação, não se deve forçar as próprias ideias, mas incitar a curiosidade e especulação.

*As histórias têm efeitos semelhantes às metáforas e são abordadas e trabalhadas de maneira semelhante. São frequentemente subconscientes e implicitamente se enquadram como alguém pensa e responde a situações. Uma história fornece o tema, enredo, as ideias e os eventos subjacentes que fornecem coerência com o que se diz e faz.*

*Enquanto a metáfora sugere uma imagem simbólica da palavra que enquadra a experiência de uma pessoa, as histórias vinculam suposições e crenças implícitas que fornecem o enquadramento interpretativo de uma situação.*

Histórias podem ser pensadas em termos de temas, motivos, roteiros que moldam a realidade e a resposta dos envolvidos. Imagina-se então o contexto (enredo tácito), as suposições sociais que levariam as pessoas de uma determinada cultura a falar e agir da maneira demonstrada.

Essa abordagem desvela o enredo tácito que justifica ações que limitam o alcance de objetivos declarados. Às vezes, basta esclarecer o que tem influenciado o comportamento; outras vezes, é necessário desafiar a aplicabilidade do enredo, oferecer uma alternativa plausível. Histórias em conflito ou fora de sincronia sugerem diferenças de mentalidade, o que denota desalinhamento operacional.

Na abordagem discursiva para mudança, pode haver eventos objetivos e empíricos, mas é a interpretação ou o significado que é atribuído a esses eventos que cria realidade social para indivíduos e organizações.

Assumir, enquanto ouvinte, nosso próprio significado, nosso quadro de referências ou conjunto de experiências, é o erro mais comum ao trabalhar metaforicamente com pessoas. Consultores de mudança organizacional e os chamados agentes de mudança precisam refletir sobre seus próprios discursos.

Atuar em processos de mudança, com uma abordagem discursiva, envolve a capacidade de ouvir como os outros estruturam sua realidade e ainda a capacidade de sugerir novos cenários para consideração. Não é só tratando do conteúdo específico de uma interação ou situação, mas também, e principalmente, ouvir, perceber e abordar suposições e crenças implícitas (metáforas conceituais e histórias) que emolduram a experiência de uma pessoa.

## COMPETÊNCIA INTERCULTURAL

A globalização, pelo menos antes da pandemia, se caracterizava por acordos de livre comércio, cadeias globais de suprimentos, ampliação das comunicações digitais, mobilidade global, expansão da democracia e até, em alguns casos, extensão das classes média e certo alívio à pobreza extrema.

Depois da pandemia, dependendo de quantas ondas derivem desta, uma outra globalização poderá ser caracterizada pela separação do mundo em blocos de poder, cadeias de produção separadas, ascensão de autocracias, divisões sociais e de classes que fomentam o populismo, acompanhadas pela ira das classes médias, cada vez mais achatadas em várias democracias ocidentais.

De qualquer forma, muitas organizações em seu crescimento buscam a globalização. Organizações tornam-se globais quando empreendem esforços de operação que alavancam, com abrangência global, mercados, logística (*supply chain*), recursos, capital e otimizam custos na movimentação de produtos e serviços. Contratam e desenvolvem globalmente talentos, criando um ambiente de trabalho multicultural.

A efetividade de tais esforços, em consonância com a estratégia e a filosofia de negócios, demanda habilidades de gestão referentes às competências interpessoais, interculturais, com sensibilidade para o entendimento do indivíduo e de sua adaptabilidade ao novo ambiente, por onde circulará entre contornos culturais, éticos, étnicos, religiosos, demográficos e geográficos.

No processo de globalização, quando demandas conflitantes são dirigidas à organização, o gestor deve ser capaz de diferenciar "formas disponíveis de conexão e persuasão" conforme seu endereçamento: ao público, aos empregados, grupos ambientais, diretoria, conselho etc.

## DA INTEGRAÇÃO

Para discutir as ações decorrentes de uma empresa que se diz globalizada, ou que pretende ser, é preciso inicialmente situar um framework de estratégia global (de ações para a globalização). As empresas são então classificadas em decorrência de sua estrutura e cultura global.

Empresas com baixo nível de estrutura e de culturas globais são empresas internacionais, exemplos de *"International Market Focus"*. Possuem uma estratégia internacional, porém centrada no país de origem, com bom *supply chain* local, um programa de gestão de *outsourcing* e vendas internacionais.

Empresas com alta cultura global e baixa estrutura global são empresas globais integradas horizontalmente. Apresentam boa adaptação local, operação em mais de uma unidade doméstica e realizam investimentos no país que as recebe.

Estrutura global alta e cultura global baixa são empresas globais integradas verticalmente. Têm produtos padronizados, forte *supply chain* global, tecnologias corporativas e gestão de equipes virtuais.

Empresas globalmente integradas (*"Globally Integrated Companies* — GIC") são aquelas em que tanto o nível de estrutura como o de cultura são altos. Têm forte estrutura global e grande adaptação à cultura local. Investimentos e ações de P&D são globais, redes virtuais são altamente colaborativas e as ações de responsabilidade social corporativa são balizadas globalmente. Otimizam custos de movimentação de produtos e serviços alavancando recursos globais de capital, incluindo capital humano, mercados e *supply chain* globais.

Empresas classificadas como GIC se empenham em melhorar as comunidades as quais servem e podem cuidar ainda de questões ambientais. Ao fazerem isso, têm descoberto que o engajamento e a retenção da força de trabalho melhoram com tais atitudes e atividades. As políticas organizacionais simultaneamente alinham vontades e estratégias dessas corporações.

## DA GESTÃO

Uma mentalidade (programação mental) global se obtém inicialmente cultivando um processo de reflexão e ação que capacita uma organização a navegar exitosamente através de culturas e fronteiras, sendo tolerante e inclusiva frente às pessoas, agregando conhecimento e profundo entendimento de mercados internacionais.

A criação dessa mentalidade depende da filosofia de negócio do CEO e, de maneira mais extensa, da alta gerência. Investimento na educação continuada e no aprimoramento de habilidades para criar cidadãos a partir de corporações globais tem de ser uma estratégia deliberada. São ações decorrentes ainda dessa estratégia:

- contratar e reter talento global por meio da criação de um ambiente multicultural;
- analisar benchmarking visando implantar as melhores práticas em produtos, serviços e operações;

- alavancar internacionalmente as finanças formando subsidiárias em locações no exterior e *joint-ventures* locais e internacionais;
- desenvolver e apoiar lideranças e a força de trabalho.

Para falar de um caso próximo, o Brasil perderá várias oportunidades se não estiver buscando excelência em tecnologia e produtividade e criando valor competitivo para clientes e mercado, à luz também de um *benchmarking* global. Sem isso, o mercado interno encolherá e as perspectivas de crescimento diminuirão.

As vantagens que se têm de tamanho, oferecendo economias de escala para redução de custos de produtos e serviços para provisão de outros mercados, não estarão mais disponíveis caso não se estabeleçam políticas organizacionais referentes a reformas regulatórias, infraestrutura, tributação, sistemas contábeis, políticas industriais, normas de segurança etc.

Se inovação é um impulsionador do crescimento econômico, a globalização impulsiona essa mesma inovação por meio da alocação e do desdobramento de recursos globais, especialmente de recursos de capital humano.

## DA COMPETÊNCIA DO CAPITAL HUMANO

Multinacionais crescem em tamanho e quantidade frente a implicações de gestão em uma economia globalizada, que cobra altos níveis de importância e relevância entre outras organizações. Expansões geográficas e alterações demográficas destacam a importância de uma integração *lato sensu* dos gestores da organização.

Para obter vantagem competitiva, as habilidades de gestão global, a competência interpessoal e a sensibilidade para temas culturais são necessidades de gestores globais.

A estratégia e a filosofia de negócios do *C-level* e alta gerência não devem se basear somente na busca corporativa por tecnologia e produtividade. A criação de valor — com a respectiva captação desse valor pelos clientes, ao analisar *benchmarking* de produtos, serviços e operações — implica o desenvolvimento de uma competência intercultural. O conceito dessa competência abrange ética, valores, linguagem, etnia, religião e geografia.

A competência intercultural é a que identifica questões relacionais e culturais críticas, e desenvolve a sensibilidade a respeito desse tema. É um fator basilar para o sucesso de modelos de negócio de empresas que buscam ser globalmente e responsavelmente integradas (empresas GIC).

A capacidade de gestão global fundamenta-se, portanto, no desenvolvimento de uma inteligência cultural, um elevado quociente cultural que abrange o entendimento geral do indivíduo e sua adaptação a outra cultura. Essa é a mudança que pode nos tornar responsavelmente globais.

# 4
# CRÔNICAS DA LÍNGUA

## A PALAVRA QUE SE EMPREGA

Em um quadro do humorístico americano *Saturday Night Live*, o ator Christopher Walken interpretou um vidente de coisas óbvias: "Er... alguém vai atravessar a rua... humm... alguém vai olhar pro lado..." Se o quadro se estendesse para o interior das organizações, ele diria: "Humm... vejo um problema de comunicação aqui."

Comunicação é o fator gerador de imprecisão, de mal-entendido, de distúrbios e surpresas que grassam as empresas de hoje. Parece, e as pessoas acreditam, que todos estão falando a mesma língua. Mas é uma língua tão desprovida de significado que ou não diz nada ou permite diversas interpretações. E assim todos seguem, aceitando ou fingindo compreender.

É por meio de uma linguagem comum que se estabelece, de maneira mais perceptível, a pertinência ao meio, o sentimento de pertencer não somente a um grupo, a uma empresa, como também ao mundo de negócios, empresarial, que vem se transformando em *business-show*. Os diálogos, principalmente os de seleção, recrutamento, apresentações e venda de serviços, se pautam na utilização das palavras em evidência. Isso para demonstrar sintonia e atualização com a última moda, de práticas e expressões, já se transformando em clichês.

O ritual da fala em administração e negócios muitas vezes se transforma em um encostar de antenas de formigas que trocaram o trabalho de carregar folhas pelo trabalho de emitir as palavras que fazem contato, ainda que não façam sentido.

*Comunicação é chique, contabilidade não é. No entanto, há dois erros básicos na comunicação no âmbito organizacional que são impensáveis para a contabilidade: primeiro, utilizar a mesma palavra para definir coisas diferentes; segundo, utilizar palavras diferentes para definir a mesma coisa.*

Atender aos apelos dos modismos administrativos faz a comunicação oscilar e a organização vacilar. Atualmente é raro encontrar uma empresa de grande porte no Brasil que chame o empregado de empregado. Empregado é chamado de colaborador. Poucas denominações são tão precisas quanto empregado. Demarca-o com tal nitidez que nos faz distingui-lo de qualquer outra relação que mantenha com a empresa. Poucas denominações são tão imprecisas quanto colaborador. Colaborar abrange praticamente todos os níveis de relacionamento com a empresa. Fornecedores e clientes são colaboradores. Pesquisadores e consumidores, também. Advogados e auditores, às vezes. Algumas colaborações são pagas. Minha mãe é grande colaboradora da Nestlé. Nunca entrou na empresa, mas sabe onde encontrá-la: nas prateleiras dos supermercados e na despensa de casa. Suas compras, em frequência e quantidade, colaboram com a empresa, mas isso não lhe garante um crachá.

Não há demérito algum em chamar empregado de empregado. É um problema sério evitar essa palavra por alguma conotação de exploração. É muita culpa para quem quer uma empresa saudável. Empresa saudável é aquela em que chamar os empregados de empregados não é problema nem para esses profissionais nem para a empresa.

A prática empresarial brasileira adentrou os lares. Várias empregadas domésticas ganharam a denominação de secretária, um caso de *upgrade* curioso: "melhorar" a titulação sem "melhorar" o cargo. Continuam com as mesmas atribuições. Não acredito que eu venha a ler na Folha de S.Paulo: secretária cai com balde e vassoura quando limpava a janela. A não ser em caso de desvio de função muito grande. É possível até que eu visse na Folha um infográfico sobre quedas de janela, mas com certeza não seria de secretárias.

## O QUE SE CHAMA TRABALHO

As línguas europeias antigas e modernas possuem duas palavras, de origens etimológicas distintas, para designar o que já não usamos — nem ousamos — distinguir: labor e trabalho. Isto remanesce da divisão grega entre artífices e escravos. Nas palavras de Aristóteles em *Política*, "os escravos e animais domésticos atendem com o corpo às necessidades da vida".

O latim diferencia *laborare* de *facere* ou *fabricare*. O francês diferencia *travailler*, que substituiu *labourer*, de *ouvrer*. Em alemão, a diferença é entre *arbeiten* e *werken*. As palavras *work*, *oeuvre* e *werk* são usadas para designar, de seus respectivos artistas, quadros, esculturas, óperas e demais atividades do meio intelectual. As palavras *travailler* e *arbeiten* perderam o significado original de dor e atribulação. O inglês ainda não perdeu de todo o significado original de *Labor* em contraponto à palavra *Work*. Quem perdeu muito de seu significado original foi o *Labor Party*. Aliás, lembro-me de uma frase de Ivan Lessa, quando da eleição de Tony Blair: "Não confie em um inglês Anthony que se chama de Tony."

As mãos trabalham, o corpo labora. Já foi dito que o homem pensa porque tem mãos. Remonta a priscas eras o discurso que enfatiza a diferença entre trabalho intelectual e trabalho braçal. O primeiro tipo cobre a gama de atividades que atinge artistas, cientistas, políticos e, no mundo empresarial, executivos que "pensam a empresa". O segundo atinge as pessoas para as quais trabalho é algo árduo, exaustivo, que afeta física e mentalmente a vida destas. Pode ser visto nas linhas de produção, nas oficinas, nas zonas rurais. Faz com que lembremos que uma das punições usadas para criminosos era condená-los ao trabalho forçado, o que conota o castigo neste tipo de tarefa.

Não obstante, ouve-se também que "o trabalho intelectual é mais árduo do que o trabalho manual". Talvez para justificar a remuneração mais alta. Concordando-se ou não com a sentença, a justificativa não faz sentido. Ainda que me fosse oferecido um salário maior para que usasse um arado no campo ou uma britadeira no concreto, eu não toparia. No entanto, já mudei de emprego para ganhar menos, mas a proposta de crescimento pessoal e intelectual era bastante interessante.

Pagar mais a quem se satisfaz mais não parece tão injusto quanto pagar menos a quem se satisfaz menos, mas isto vem a ser rigorosamente a mesma coisa. São partes de uma só situação. As pessoas encarregadas da pior parte são as de menor remuneração. A divisão do trabalho compreende a distribuição, a separação por especialização e, *last but not least*, a segregação.

O trabalho intelectual foi a fatia que me coube, com o perdão da pretensão. Apesar de coisas inúteis que realizei e de tarefas de escritório essencialmente mecânicas, nunca tive como incumbência o trabalho braçal. Salvo uma vez, numa alteração de *layout*. Restou a mim e a alguns colegas arrastar móveis, mesas e equipamentos. Rearrumado o novo espaço organizacional, pudemos dizer: "Conseguimos conquistar com braço forte." Não chegou a ser motivo de queixa.

## UM NOVO E FALSO ESPERANTO

> *"Quando falo ou escrevo, falo em presença de todas as línguas, mesmo as que não conheço."*
> Édouard Glissant (1928–2011), escritor, romancista e teatrólogo martinicano.

A internacionalização de mercados tem sido o intento maior da globalização como até agora a conhecemos. A entrada de novos elementos nessa gramática do dinheiro aumentou o cacife do idioma inglês. É consenso chamar a língua que Shakespeare ajudou a moldar (o número de palavras introduzidas pelo bardo é grande — administração é uma delas) de *business language*, a linguagem de negócios. As transações comerciais que giram pelo planeta — aliás, muita gente assegura que são essas transações que fazem o mundo girar — alçam o inglês à categoria de um novo Esperanto, uma nova língua universal. *Money talks*, mas a analogia talvez não desfrute de todo esse crédito.

Não existe uma língua perfeita, no sentido de imutável. A língua é viva e se desenvolve de maneira espontânea, conforme o contexto dos falantes. O teólogo e poeta Ibn Hazm (994–1064) conta que "no início, existia uma língua dada por Deus, que continha todas as outras". Isso faz de Adão o primeiro poliglota. Assim, todos podiam compreender as mensagens e revelações em quaisquer línguas. Um mito para destacar a necessidade de uma cultura multilíngue e encorajar o desenvolvimento de uma língua universal.

O Esperanto veio ao mundo em 1887, com a publicação em russo do *Língua Internacional — prefácio e manual completo*. Seu autor, o doutor Lejzer Ludwik Zamenhof, assinou o livro com o pseudônimo de Doktoro Esperanto (doutor esperançoso). A assinatura se transformou no nome de batismo da língua. Autoria é autoria.

Desde a adolescência, Zamenhof sonhava com uma língua internacional. Nasceu de uma família judia em Bialystok, região lituana com grande mistura de raças e línguas, com impulsos nacionalistas e antissemitas. A experiência da opressão e da perseguição (a região pertencia à Polônia, submissa aos Czares) fez com que Zamenhof buscasse não somente a ideia de uma língua universal como a de concórdia entre os povos. Bialystok hoje só é lembrado como personagem de Mel Brooks: o inescrupuloso produtor vivido por Zero Mostel no filme *Springtime for Hitler* e mais tarde por Nathan Lane no sucesso da Broadway e na refilmagem, ambos sob o título de *The Producers*.

O Esperanto se difundia em vários países despertando interesse de sociedades eruditas e filantropos. Havia ilustres defensores e simpatizantes do Esperanto entre linguistas, cientistas e filósofos. Enquanto ocorriam encontros internacionais, Zamenhof publicava também anonimamente um panfleto a favor de uma doutrina inspirada na fraternidade universal: o *homaranismo*, palavra em esperanto para humanismo, humanitarismo.

Muitos seguidores do Esperanto insistiram para que o movimento se mantivesse independente de posições ideológicas particulares. Para que a língua internacional se pudesse firmar, deveria atrair — e somente assim poderia fazê-lo — pessoas de ideias políticas, religiosas e filosóficas de origens diferentes.

O impulso filantrópico e a religiosidade laica, que caracterizavam o movimento esperantista convencendo muitos de sua neutralidade, influenciaram a sua aceitação por muitos fiéis, chamados de *samideani*, que, em Esperanto, significa "os que compartilham do mesmo ideal".

Dentre esses fiéis, o movimento recebeu o apoio apaixonado de Tolstói, cujo pacifismo humanitário era visto como perigosa ideologia revolucionária. A língua e seus defensores foram praticamente banidos pela suspeita czarista. Esperantistas remanescentes de vários países seriam perseguidos mais tarde pelo nazismo.

Enquanto outras línguas representavam uma ajuda prática, o Esperanto retomava os elementos daquela tensão religiosa porque não era avaliado sobre aplicabilidade e funcionalidade, mas sobre o questionamento ideológico de uma postura humanitária. Por outro lado, a língua inglesa tem grande aplicabilidade e é muito funcional na internacionalização de mercados. Mas pouco ou nada se debate sobre tal questionamento.

## AGILIZANDO

Aconteceu em uma reunião internacional de negócios em Barcelona. A abertura do evento coube ao anfitrião local que, movido por um sentimento de globalização, falou em inglês. Sem esse sentimento, teria falado em catalão. Seria preciso mais para que falasse em espanhol. Ao final de seu pequeno discurso, pediu desculpas pelo "inglês" que utilizara, uma vez que, ressaltou, o inglês é a língua do futuro. Depois de pequena pausa, arrematou: "Mas o inglês do futuro é o meu inglês."

A exemplo dos vinhos e das traduções que sofrem ao cruzar oceanos, a língua inglesa que grassa ilhas, planícies e até planaltos não faz uma viagem assim impunemente. Vem sofrendo alterações.

Há uma queda do número de palavras utilizadas por um jovem estadunidense de classe média. O vocabulário está sendo encurtado, empobrecido. Houve um tempo em que se reclamava de George W. Bush, mas os Estados Unidos o superaram com Donald Trump. Claro que há por aqui dirigentes tão ignorantes quanto. A diferença é que ficar ignorante em inglês é mais caro e as implicações são maiores.

A crescente presença de imigrantes também tem seu impacto. As crianças americanas hoje passam mais tempo com as babás (ilegais ou não) do que com os pais. O ator Alec Baldwin, ao ser perguntado como estavam seus filhos, respondeu: "Com sotaque. Minha babá é brasileira." Situação análoga vem sendo apresentada já há um bom tempo, em filmes como *Spanglish* e a refilmagem de *As loucuras de Dick and Jane*.

Não sou purista quanto a anglicismos, galicismos, idiomatismos afins. Os puristas que me perdoem, mas não perder tempo com a tradução da palavra software é fundamental. No entanto, me preocupa a entrada de palavras inglesas no nosso idioma por meio de uma tradução indevida. No meio empresarial, nas corporações, o verbo *to assign* (designar, apontar, nomear), por exemplo, começa a surgir em seminários, nas malfadadas apresentações, traduzido como "assignar", um verbete (ainda) inexistente na língua portuguesa. Engrossando fileiras dos verbetes inexistentes (ainda), nascidos de traduções errôneas, destacam-se "mandatório" (tradução de *mandatory*), "massivo" (traduzido de *massive*, quando em português é "maciço") e "disruptivo" (para *disruptive*. Há "disrupção", mas não a forma adjetivada). Temos de romper com isso?

Mesmo baseando-se no mantra de que a língua é viva, mutante, popular e que sofre influências, questiono junto aos menos conservadores e aos mais sincrônicos se seria legítima a absorção de tais palavras no nosso idioma, oriundas do desconhecimento que acarretou traduções errôneas.

Enquanto isso, no Brasil, talvez movidas pela inveja em relação à capacidade inesgotável da língua inglesa de criar verbos e adjetivos — até mesmo com siglas! — as pessoas se superaram com o uso em larga escala de "agilizar". Não consta do *Webster's New Collegiate* nem do *Oxford Dictionary* verbo algum para "tornar ágil". "*Agile* é adjetivo, *agilely* é advérbio, *agility* é substantivo. *Yes*, nós temos agilizar. Eles não têm. Agilizar é também superação.

Num curto intervalo, ouvi a palavra "agilizar" em conversas e entrevistas com diretor do setor privado, consultor de empresas, mestre de obras, garçom, gerente de banco, porteiro, médico, flanelinha, técnico de futebol e de vôlei. É merecedor de atenção o fato de que uma palavra cuja difusão — não propriamente o nascimento — ocorrera na ambiência de negócios teve seu uso espraiado por diferentes públicos.

As variedades de língua baseadas em profissão e outros segmentos são conhecidas como dialetos sociais — socioletos, línguas setoriais (*Sondersprache, linguaggi settoriali*). O socioleto é uma variedade de língua usada por indivíduos que possuem característica social em comum (profissão, geração, interesses etc.). É composto de expressões e termos técnicos que distinguem tais indivíduos em sua comunidade.

O longo alcance de "agilizar", palavra que pertence hoje a grupos tão díspares, é consequência do modo de vida que levamos, numa sociedade que tem como balizadores a eficácia e a velocidade. Estes são os conceitos que embasam a capacidade de tornar ágil tanto um processo quanto uma pessoa. Tudo é alvo de análise sob a ótica de eficácia e velocidade e isso não vem de agora. Thorstein Veblen (1857–1929), sociólogo norte-americano, publicou em 1899 *A Teoria da Classe Ociosa*, onde argumentava que as formas de falar da classe dominante implicavam perda de tempo, já que não havia necessidade de um uso direto e eficaz.

De qualquer forma, jamais houve tanta gente tendo de fazer tanta coisa em tão pouco tempo como neste (Derradeiro? Penúltimo? Antepenúltimo?) século XXI. Aceleramos o ritmo do cotidiano e, portanto, são os personagens do nosso cotidiano que foram atingidos. O impacto não foi em alguns setores. Foi em toda a civilização.

## COM QUEM SE FALA

Já se disse várias vezes que o Brasil é o país do futebol. E já há algum tempo, isso é mais do que questionável. O que não se discute é que o Brasil ainda é o país das pequenas autoridades. Ainda que a obrigação e o encargo sejam temporários e comezinhos, ter alguma autoridade — voz de comando, poder de veto e deliberação — é algo que está no ápice dos desejos nativos. Pelo menos assim se percebe, ao se estabelecer contato. O Brasil é o país das pequenas autoridades, não em função da estatura física de seus governantes — embora haja exemplos —, mas da estatura moral.

O clássico "sabe com quem está falando", tão representativo dessas "autoridades", solapa as observações sobre as variedades de fala. Sobressai o caráter intimidador. Muitas vezes, quando se trata com "autoridades", o código é o do dinheiro. *Money talks*. Saber com quem se fala é perceber o código utilizado. Eu sei com quem estou falando porque percebo e entendo a gama de variáveis transmitidas na mensagem: grupos sociais, interesses, geografia e até faixa etária. Homessa!

Ao estudar o vínculo entre variedades de língua e grupos sociais que as empregam, o sociólogo britânico Basil Bernstein (1924–2000) estudou a linguagem de alunos de escolas em Londres. Procurava estilos diferentes na educação infantil. Distinguiu duas variedades: a elaborada e a restrita. A elaborada é abstrata, explícita, independente do contexto. Pertence à classe média. A restrita usa expressões concretas e deixa significados implícitos, para serem inferidos no contexto. Pertence à classe operária.

As variedades de fala simbolizam status. Na África, os nobres falam em tons de voz baixos; os cidadãos comuns, em tons altos. Em Java, há um "alto javanês" — a elite tem seu próprio dialeto — que difere não só em vocabulário, mas também na gramática e na sintaxe. Java é a ilha mais populosa e onde há a maior concentração de muçulmanos na Indonésia. Java é também linguagem de programação e plataforma de ambiente computacional. O mundo empresarial dita as regras e por isso uma busca de "*Java software*" tem 17 vezes mais registros do que "*Java island*". O mundo é um negócio onde se pode saber Java sem saber javanês, sem conhecer a ilha.

Lima Barreto, em *O homem que sabia javanês* (publicado em 1911 na Gazeta da Tarde), ressalta o jeitinho brasileiro, uma expressão que mascara o golpista, o oportunista. Lima Barreto manteve um olhar crítico sobre a sociedade brasileira, um olhar de quem foi marginalizado. Mostrou sua inquietação diante da realidade de injustiças, carregada de vivências pessoais, postura esta que foi destacada negativamente pelos críticos da época. Esses críticos realmente não sabiam com quem estavam falando.

## O DISCURSO MIDIÁTICO

Mídia, informação, cultura de massa e publicidade foram além de suas fronteiras. Não conseguimos mais separar claramente seus domínios.

Havia um segmento de informação (jornal, telejornal, rádio), um segmento de comunicação institucional (publicidade, propaganda, estruturas em empresas e governos), e um de cultura de massa (seriados, novelas, quadrinhos, os livros *best-sellers*, os filmes *blockbusters*, eventos esportivos, shows em estádios). Esses segmentos se misturaram, em um coquetel que leva texto, som e imagem, para brindar a essência da revolução digital.

Já não sabemos distinguir os domínios de texto, imagem e som. Nem a internet sabe. Não é caso de pouca fé, mas dizer que "está nas escrituras" não é mais suficiente. Além do texto, há também uma demanda por imagem e som. Tenho certeza de que isso aumentaria o número de fiéis.

As mídias se fusionam. Nas primeiras ondas de um mundo-internet, o grupo Murdoch, o grupo franco-americano Vivendi-Universal (edição musical e cinematográfica, editoras, agência de publicidade) e a fusão America On Line (internet) com a Time-Warner (revista, cinema, canais de televisão) foram alguns dos grandes exemplos desse movimento.

As empresas possuem um grande papel no campo da informação. Além do óbvio poder econômico e financeiro, há o poder midiático, descrito por Ignacio Ramonet (professor da *Université Paris VII*, autor de *La propagande silencieuse* e diretor de redação do *Le Monde Diplomatique*) como o "aparato ideológico da globalização". O poder midiático é a capacidade de aceitação da globalização e tem como aparato, em seu conjunto, o conteúdo dos *sites*, o que vemos na televisão, o que ouvimos no rádio, o que lemos nos jornais, o que a ficção transcreve.

No presente, informação é mercadoria. Mais do que uma vocação educacional, o intuito é comercial. Embora grande parte da informação seja gratuita, há uma nova relação estabelecida. Antigamente uma empresa jornalística vendia informação aos cidadãos. Hoje uma empresa midiática vende consumidores e potenciais consumidores aos seus anunciantes. A informação não se move conforme os ditames da comunicação, mas em função de interesses comerciais. E isso numa velocidade assombrosa. O mundo é instantâneo. Imediato. A "essência" da informação é então de impressões, de sensações.

O historiador e professor Daniel Boorstin (1914–2004), no livro *The Image*, abordava a influência da mídia no comportamento social. Escrito em 1962, começava com a história de duas mães amigas que se encontravam num parque. Uma delas diz: "Uau! Que bebê lindo você tem." E a outra responde: "Isto não é nada; você precisa ver as fotografias!"

Ótima anedota para quem pensa que o afastamento entre substância e imagem é um fenômeno dos anos 1980 ou 1990. Boorstin, em seu livro "profético", apresenta sua tese de que a não realidade é o fator dominante da construção da experiência contemporânea.

Para prová-la, Boorstin realizou pesquisas, mostrando como a sociedade estadunidense havia desenvolvido o fetiche pelo novo. Para dar sustentação a tal obsessão, essa sociedade passou a gerar pseudoeventos para substituir os eventos e a criar celebridades para substituir os heróis.

Frente à sociedade que cultiva ilusões e imagens, Boorstin apontava: "Tanto nos acostumamos às nossas ilusões que as confundimos com a realidade. Somos assombrados, não pela realidade, mas pelas imagens que colocamos em seu lugar."

A realidade contemporânea é habitada por novidades artificiais, chamados de pseudoeventos, acontecimentos não espontâneos que mantêm uma relação ambígua com a realidade. São criados com o propósito específico de provocar determinadas reações na audiência.

O discurso das empresas midiáticas — da informação, da publicidade, da cultura de massa — tem retoricamente as mesmas características: a rapidez (artigos breves, frases curtas, títulos de impacto); a simplicidade (vocabulário básico, sintática simples); e elementos de dramatização (riso, euforia, tragédia).

Ramonet destaca que tais características — que são as de um discurso de cultura de massa — são idênticas as do discurso que se dirige às crianças. Falamos brevemente, com simplicidade, de maneira emocional. O discurso de cultura de massa é, portanto, um discurso infantilizado.

O nível de instrução educacional no mundo está em crescimento. Torço para que essa ascensão, em algum momento, provoque uma reação contra essa infantilização. Mas como combatê-la? Para atacar um discurso de massa usaremos as mesmas armas? Será dente por dente? É melhor abrir o olho.

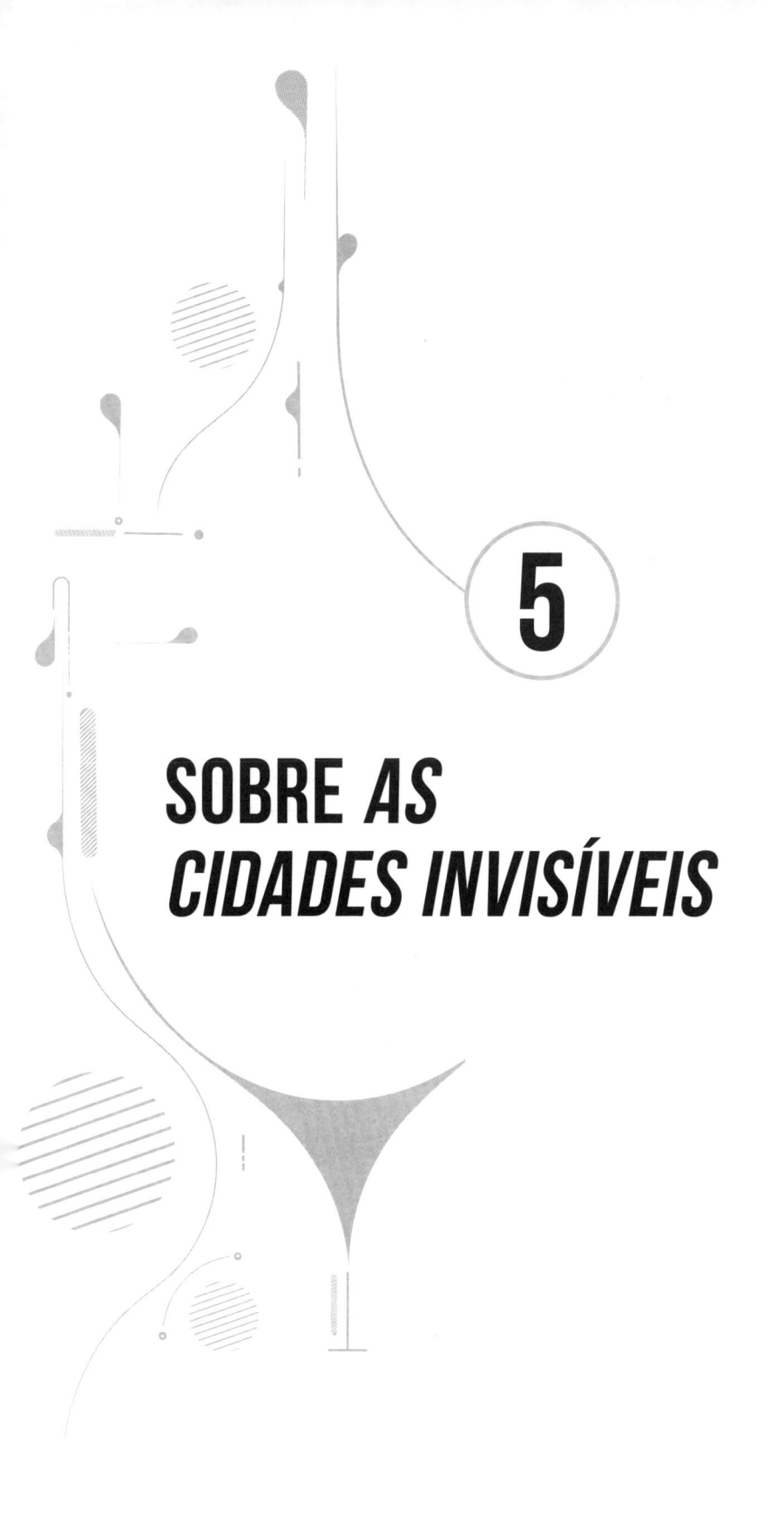

# 5
# SOBRE AS
# *CIDADES INVISÍVEIS*

# CONTEXTUALIZAÇÃO

Analisar *As Cidades Invisíveis* (*Le Città Invisibili*), de Italo Calvino, permite explorar contextos e formas de comunicação presentes nas organizações e discursos que buscam o engajamento de seus profissionais.

Esse trabalho de Calvino consta de uma sequência de diálogos imaginários entre o viajante veneziano Marco Polo e o imperador tártaro Kublai Khan. Este, por ter cada vez mais poder e conquistas, já não consegue ver nem conhecer a extensão de seu império. Conta então com os relatos do viajante veneziano Marco Polo para conhecer e compreender o que possui de fato.

Por meio de diálogos entre esses dois personagens, Calvino explora a imaginação e o imaginável por meio das descrições que Marco Polo faz sobre as cidades do império de Kublai e discute questões relacionadas à natureza humana, ao poder, à linguística, inspiradas pelas próprias cidades.

A condução da análise proposta é ilustrada por passagens da obra, e está apresentada a seguir.

## ANÁLISE ESTRUTURAL

O escritor Italo Calvino (1923–1985) é o autor de *As Cidades Invisíveis* (*Le Città Invisibili*). Publicado em 1972, o livro consiste em uma sequência de diálogos imaginários entre o viajante veneziano Marco Polo e o imperador tártaro Kublai Khan.

O que está registrado em livros de História é a chegada do viajante veneziano Marco Polo no Extremo Oriente, no século XIII, na cidade de Cambaluc (atual Pequim), a capital do império de Kublai Khan. Ele passou 17 anos na corte do imperador com funções diplomáticas.

O trabalho de Calvino pode ter sido inspirado em *As Viagens de Marco Polo*, os diários de viagem que descrevem suas viagens pelo Império Mongol, escritas no século XIII. Essas obras compartilham os relatos breves, fantásticos, das visitas de Marco Polo às cidades, acompanhadas de descrições dos habitantes da cidade e de quaisquer histórias interessantes que ele tenha ouvido sobre a região.

Em *As Cidades Invisíveis*, Calvino imagina o diálogo entre esse viajante e Kublai Khan. O imperador tártaro Kublai Khan tem cada vez mais poder e conquistas, mas encontra-se lamentoso e melancólico porque não pode mais ver com seus próprios olhos a extensão de seu império, seus domínios.

> *"(...) somente por meio de olhos e ouvidos estrangeiros, o império podia manifestar sua existência para Kublai."*

Conta então com os relatos do viajante veneziano Marco Polo para conhecer e compreender o que possui de fato. Assim,

Marco Polo é incumbido de transmitir as maravilhas desse império. Ele começa a descrever detalhadamente 55 cidades por onde teria passado, categorizadas em 11 temas.

> *"As cidades, como os sonhos, são construídas por desejos e medos, ainda que o fio condutor de seu discurso seja secreto, que as suas regras sejam absurdas, as suas perspectivas enganosas, e que todas as coisas escondam uma outra coisa."*

O livro apresenta breves poemas em prosa descrevendo essas 55 cidades, todas aparentemente narradas por Marco Polo. É estruturado como uma conversa entre ele e o ocupado e já velho imperador Kublai Khan, que constantemente faz com que comerciantes venham descrever o estado de seu vasto império.

Diálogos curtos entre os dois personagens são intercalados e usados para discutir ideias inspiradas pelas cidades em vários tópicos, como linguística e natureza humana.

> *Marco Polo descreve uma ponte, pedra por pedra.*
>
> *— Mas qual é a pedra que sustenta a ponte? — pergunta Kublai Khan.*
>
> *— A ponte não é sustentada por esta ou aquela pedra — responde Marco —, mas pela curva do arco que estas formam.*
>
> *Kublai Khan permanece em silêncio, refletindo. Depois acrescenta:*
>
> *— Por que falar das pedras? Só o arco me interessa.*
>
> *Polo responde:*
>
> *— Sem pedras o arco não existe.*

Ao chamar a atenção dos leitores para a metáfora do arco, Calvino não apenas justifica sua estrutura fragmentária para o romance, composta como é de pequenas "pedras", mas também evoca o conceito de pedra angular no meio.

Calvino provê informação específica das estratégias que Marco Polo e Kublai usam para se comunicar. Antes de aprender a lingual de Kublai, Marco Polo podia se expressar somente desenhando ou mostrando objetos de sua bagagem (tambores, peixes, colares) apontando para estes, fazendo gestos, saltos, gritos de admiração, de horror e imitações. Mesmo depois de se tornarem fluentes na língua um do outro, Polo e Kublai consideravam a comunicação baseada em gestos e objetos satisfatória.

> *"Talvez toda a questão seja saber quais palavras pronunciar, quais gestos executar, e em que ordem e ritmo, ou então basta o olhar a resposta o aceno de alguém, basta que alguém faça alguma coisa pelo simples prazer de fazê-la, e para que o seu prazer se torne um prazer para os outros; naquele momento todos os espaços se alteram, as alturas, as distâncias, a cidade se transfigura, torna-se cristalina, transparente como uma libélula."*

No entanto, as origens, experiências e hábitos diferentes dos dois personagens ao interpretar o mundo tornam o entendimento perfeito inalcançável.

Para o viajante Marco Polo, nesse jogo de interdições, não cabe a ele contar, mas sim descrever. Descreve para o imperador dos tártaros, Kublai Khan, os detalhes de cada lugar de um império interminável, tendo de informar o nome e o trajeto.

> "Há três hipóteses a respeito dos habitantes de Bauci: que odeiam a terra; que a respeitam a ponto de evitar qualquer contato; que a amam da forma que era antes de existirem e com binóculos e telescópios apontados para baixo não se cansam de examiná-la, folha por folha, pedra por pedra, formiga por formiga, contemplando fascinados a própria ausência."

Cada cidade é uma resposta dada a cada pergunta. O imperador, muito demandante, não dá descanso ao viajante.

> "De uma cidade, não aproveitamos as suas sete ou setenta e sete maravilhas, mas a resposta que dá às nossas perguntas."

*Querendo saber sempre mais, o imperador, mesmo o mais poderoso, também sofre. Não consegue pessoalmente conhecer o que possui, o que domina, o que tanto amplia como reduz seus territórios, suas conquistas. O domínio ocorre somente por meio do discurso, mas o próprio Marco Polo alerta:*

*"Você sabe melhor do que ninguém, sábio Kublai, que jamais se deve confundir uma cidade com o discurso que a descreve. Contudo, existe uma ligação entre eles."*

Um estudioso da obra de Calvino, Peter Washington, afirma que "é impossível classificar em termos formais *As Cidades Invisíveis*". Embora Calvino use personagens históricos para seus personagens principais, esse romance não pertence ao gênero de ficção histórica. Mesmo que algumas das cidades que Polo evoca sejam comunidades futuristas ou impossibilidades físicas, não é simples argumentar que o livro seja uma obra de fantasia, ficção científica ou realismo mágico.

No entanto, o romance pode ser descrito livremente como uma exploração, às vezes, divertida, outras vezes melancólica, dos poderes da imaginação, do destino da cultura humana e da natureza ilusória da própria narrativa. Como Kublai especula:

> *"(...) talvez esse nosso diálogo esteja ocorrendo entre dois mendigos chamados Kublai Khan e Marco Polo, enquanto eles vasculham uma pilha de lixo, acumulando destroços enferrujados, restos de pano enferrujados, restos de pano, papel usado, enquanto bebem com os poucos goles de bebida, vinho, eles veem todo o tesouro do Oriente a seu redor."*

Muitos clássicos da literatura ocidental se estruturam em descobertas ou confrontos dramáticos. Calvino não abandonou as táticas tradicionais de conflito e surpresa, mas encontrou usos não tradicionais para elas. Exemplificando, Calvino situou um confronto e uma explicação impressionantes no ponto médio de seu romance. Embora cada uma das cidades descritas pareça ser distinta de todas as outras, Marco Polo faz uma declaração surpreendente, ao ser questionado pelo imperador, no início do capítulo VI:

*Já falei de todas as cidades que conheço.*

— *Resta uma que você jamais menciona.*

*Marco Polo abaixou a cabeça.*

— *Veneza* — *disse o Khan. Marco sorriu.*

— *E de que outra cidade imagina que eu estava falando?*

*O imperador não se afetou.*

— *No entanto, você nunca citou o seu nome.*

*E Polo:*

— *Todas as vezes que descrevo uma cidade digo algo a respeito de Veneza.*

O sociólogo alemão Georg Simmel (1858–1918), em seus estudos sobre cidades italianas, faz uma análise de Veneza para ilustrar a categoria estrutural do humano: a duplicidade. O texto de Calvino, escrito cerca de 70 anos depois dessa análise, respalda essa dualidade totalmente. Algumas citações: a superfície se destacou do fundo; Veneza tem a beleza da aventura: flutua sem raiz na vida; é a cidade mítica do amor em estado nascente; estado intenso, mas frágil; pedra e água; máscaras de Veneza, comércio, estrangeiro; sedentário e errância.

Para Simmel, Veneza, com uma beleza ambígua de aventura e ausência de raízes, é o local onde é possível se pensar na relação entre formas e conteúdos.

Na arte e na crítica, forma e conteúdo são considerados aspectos distintos do trabalho. A forma geralmente se refere ao estilo ou aos métodos da obra. O conteúdo, à sua essência.

Italo Calvino, numa síntese preciosa, mostra, nos diálogos entre Marco Polo e Kublai Kan, as possibilidades e a importância de se conhecer o mundo e as coisas, sem desprezar a relação entre forma e conteúdo.

*As Cidades Invisíveis* frequentemente chama atenção para a incerteza do futuro da humanidade e os efeitos destrutivos do tempo, como nas passagens a seguir:

> *"Agora, desse passado real ou hipotético, ele está excluído; não pode parar; deve prosseguir até outra cidade em que outro passado aguarda por ele, ou algo que talvez fosse um possível futuro e que agora é o presente de outra pessoa. Os futuros não realizados são apenas ramos do passado: ramos secos."*

> *"(...) mesmo que se tratasse do passado, era um passado que mudava à medida que ele prosseguia a sua viagem, porque o passado do viajante muda de acordo com o itinerário realizado, não o passado recente ao qual cada dia que passa acrescenta um dia, mas um passado mais remoto. Ao chegar a uma nova cidade, o viajante reencontra um passado que não lembrava existir: a surpresa daquilo que você deixou de ser ou deixou de possuir revela-se nos lugares estranhos, não nos conhecidos."*

> *"— Você viaja para reviver o seu passado? — era, a esta altura, a pergunta do Khan, que também podia ser formulada da seguinte maneira: — Você viaja para reencontrar o seu futuro?*

> *E a resposta de Marco: — Os outros lugares são espelhos em negativo. O viajante reconhece o pouco que é seu descobrindo o muito que não teve e o que não terá."*

Aprender e relembrar os momentos vividos no passado é uma busca pelo aprendizado. Os signos são objetos de um aprendizado temporal, não de um saber abstrato, como o filósofo francês Gilles Deleuze (1925–1995) destacava:

> "Não existe aprendiz que não tenha estudado ou manipulado alguma coisa. Alguém só se torna marceneiro tornando-se sensível aos signos da madeira; o médico, estudando doenças. A vocação é sempre uma predestinação com relação a signos. Tudo que nos ensina alguma coisa emite signos, todo ato de aprender é uma interpretação de signos."

E ainda:

> "A ideia fundamental é que o tempo forma diversas séries e comporta mais dimensões do que o espaço. O passado não é um depósito ou sentimento da memória, mas séries de decepções descontínuas para que, pela prática, sejam superadas."

Portanto, uma postura voltada para o futuro deve refletir os progressos do aprendizado.

O imperador Kublai alcançou uma era de reflexão e desilusão, que Calvino descreve assim:

> *"É o momento desesperado em que descobrimos que esse império, que nos parecia a soma de todas as maravilhas, é uma ruína sem fim e sem forma, (...) que o triunfo sobre os soberanos inimigos nos tornou herdeiros de sua longa ruína."*

Várias cidades descritas por Marco Polo são lugares solitários e alienantes; Algumas apresentam catacumbas, cemitérios e outros locais dedicados aos mortos. Mas *As Cidades Invisíveis* não é um trabalho totalmente sombrio. Em uma passagem, Marco Polo comenta:

> *"Existe um fio invisível que liga um ser vivo a outro por um momento, é desdobrado e depois esticado novamente entre os pontos móveis, à medida que desenha padrões novos e rápidos, de modo que a cada segundo, a cidade infeliz contém uma cidade feliz, inconsciente de sua própria existência."*

Devido à abordagem das potencialidades imaginativas das cidades, *As Cidades Invisíveis* foi usado por arquitetos e artistas para visualizar como as cidades podem ser, suas dobras secretas, onde a imaginação humana não é necessariamente limitada pelas leis da física ou pelas limitações da modernidade, de uma teoria urbana.

> *"A cidade de quem passa sem entrar é uma; é outra para quem é aprisionado e não sai mais dali; uma é a cidade à qual se chega pela primeira vez, outra é a que se abandona para nunca mais retornar; cada uma merece um nome diferente; talvez eu já tenha falado de Irene sob outros nomes; talvez eu só tenha falado de Irene."*

Irene é uma cidade que se vê na extremidade de um planalto. Esta se distingue no horizonte: "Magnetiza olhares e pensamentos." Kublai espera que Marco diga como é uma cidade (Irene) vista de dentro. Ele não pôde fazê-lo. Não conseguiu saber que cidade os moradores do planalto chamam de Irene (veem por dentro). Mas não importa.

> "(...) vista de dentro seria outra cidade. Irene é o nome de uma cidade distante que muda à medida que se aproxima dela."

Aliás, a exploração da imaginação e do imaginável mediante as descrições das cidades por Marco Polo fez com que a pintora Nora Sturges, professora na Towson University, lançasse a si própria o desafio (já realizado) de colocar na tela os ambientes fabulosos desse livro de Calvino.

As descrições oferecem ainda uma abordagem alternativa ao pensamento sobre as cidades, como elas são formadas e como funcionam.

> "Na cidade de Cecília, um pastor em transumância atravessa com suas cabras várias cidades, mas não sabe distingui-las. Mas conhece o nome de todos os pastos. Para ele, cidades não têm nome: 'são lugares sem folhas que separam um pasto do outro, e onde as cabras se assustam'."

Na indefinição de uma geografia, tantas cidades de um vasto território estarão sempre dependentes da memória de um homem e de sua capacidade narrativa. Os espaços são então imprecisos e falhos, mesmo que a imaginação tenha sido produzida por uma realidade.

> "A cidade é redundante: repete-se para fixar alguma imagem na mente. (...) A memória é redundante: repete os símbolos para que a cidade comece a existir. (...) As margens da memória, uma vez fixadas com palavras, cancelam-se."

É tentador ler a poesia em prosa de *As Cidades Invisíveis* como utópica, mas há evocações não promissoras da experiência humana. Marco Polo diz da cidade ideal ilusória:

> *"Se eu lhe disser que a cidade em que minha jornada tende é descontínua no espaço e no tempo, agora dispersa, agora mais condensada, você não deve acreditar no que está acontecendo."*

O reconhecimento de "o inferno no qual vivemos todos os dias" é, de fato, um desafio para reconhecer "quem e o que, no meio do inferno, não são inferno", depois fazê-los resistir, dar-lhes espaço. Como as cidades mágicas de Marco Polo que, ao final, são Veneza, a fantasia nos remete à realidade e ao desafio de, cotidianamente, estarmos engajados socialmente.

> *"O inferno dos vivos não é algo que será; se existe, é aquele que já está aqui, o inferno no qual vivemos todos os dias, que formamos estando juntos. Existem duas maneiras de não sofrer. A primeira é fácil para a maioria das pessoas: aceitar o inferno e tornar-se parte deste até o ponto de deixar de percebê-lo. A segunda é arriscada e exige atenção e aprendizagem contínuas: tentar saber reconhecer quem e o que, no meio do inferno, não é inferno, e preservá-lo, e abrir espaço."*

Trata-se de uma construção ficcional rigorosa, quase matemática, que transcende fronteiras e, ao longo da jornada, se alimenta de saltos imaginativos. Embora Calvino utilize personagens históricos como seus principais personagens, este livro não pertence ao gênero de ficção histórica. É difícil classificá-lo, mas a narrativa pode ser descrita como uma exploração do poder de imaginação, do destino da cultura humana e da ilusória natureza de *storytelling*.

Assim sendo, *As Cidades Invisíveis* é uma ficção autorreflexiva, uma narrativa que impinge uma investigação de *storytelling*, ainda que não seja a única narrativa de meados do século XX que sirva como uma investigação da narrativa. Jorge Luis Borges (1899–1986) criou pequenas ficções que apresentam livros imaginários, bibliotecas imaginárias e críticos literários imaginários.

O uso de simbologia de uma organização permite analisar como a retórica pode se tornar a tecnologia de gestão e um tema de poder e política, definindo que histórias prevalecem, que histórias sucumbem. Ressalta-se o comentário de Marco Polo:

> "Eu falo, falo — diz Marco Polo —, mas quem me ouve retém somente as palavras que deseja. (...) Quem comanda a narração não é a voz: é o ouvido."

O domínio se concretiza por meio do discurso. Mas analogamente ao que alertava o próprio Marco Polo — "não se deve confundir uma cidade com o discurso que a descreve" — não devemos confundir a organização com o discurso que a descreve.

# CALVINO E SUAS CIRCUNSTÂNCIAS

## O COMEÇO

> "Embora minha tendência natural fosse para a fantasia e a invenção, as primeiras coisas que escrevi foram realistas."

Italo Calvino foi um escritor extremamente original e criativo, mestre da alegoria e da fantasia.

Por seus méritos como inovador no cenário literário, por sua dimensão política e ética de seu trabalho, era um forte candidato ao Prêmio Nobel de Literatura, até sua morte em 1985.

Calvino foi atraído principalmente por contos folclóricos, cavalaria, lendas, alegorias sociais e políticas. Transcreveu vários dialetos italianos e expressou artisticamente uma coleção de contos populares italianos.

Durante o final dos anos quarenta e início dos anos cinquenta, Calvino começou a escrever e publicar histórias sobre suas experiências de guerra como partidário e antifascista. Seu livro *Il sentiero dei nidi di ragno* (chamado no Brasil de "A trilha dos ninhos de aranha") alcançou um sucesso respeitável (6.000 exemplares, na Itália do pós-guerra) quando foi publicado em 1947 e lançou Calvino em sua carreira como escritor, ganhando o prestigioso *Premio Riccione*.

As experiências de Calvino em Turim, cidade industrial vital e centro da luta proletária, foram fundamentais para a formação intelectual e artística do jovem escritor. Sua primeira coletânea de contos, *Ultimo viene il corvo*, publicada em 1949, trata da Resistência e da vida na Itália do pós-guerra.

Em contato com as controversas ideologias políticas e literárias que estavam sendo discutidas no país em recuperação, se familiarizou pessoalmente com seus principais expoentes. A natureza de seu trabalho também como editor consultor, pela leitura de manuscritos, deu-lhe a oportunidade de divulgar os escritos dos autores mais significativos da Itália moderna e fomentou sua análise mais extensa da relação entre autor, leitor e texto. Essa experiência lhe permitiu criar, por exemplo, a obra *Se una notre d'inverno un viaggiatore* ("Se um Viajante numa Noite de Inverno").

A partir de suas primeiras publicações, Calvino associou-se ao movimento neorrealista italiano.

Mas, durante a década de 1950, a narrativa de Calvino se afastou do neorrealismo com sua trilogia de romances: *Il visconte dimezzato*, em 1952 ("O Visconde Partido ao Meio"), *Il barone rampante*, em 1957 ("O Barão nas Árvores") e *Il cavaliere inesistente*, em 1959 ("O Cavaleiro Inexistente"). No primeiro romance, Calvino apresenta um grotesco Visconde que foi dividido ao meio; no segundo, o herói, muito parecido com um esquilo, vive sua vida nas árvores; e no terceiro, o protagonista Agilulfo é, na verdade, um terno de armadura branca sem nada dentro. Todos os três romances são vistos como consequências de metáforas: comportar-se como meio homem, permanecer suspenso e estar vazio por dentro.

Embora esses romances fantásticos, pelos quais recebeu o Prêmio *Salento* em 1960, não sejam ambientados na sociedade atual, destacam alegoricamente uma profunda preocupação com as questões sociais e políticas da época. Em 1957, Calvino deixou o Partido Comunista devido à intervenção russa na revolução húngara de 1956, à desilusão pessoal com as reformas socialistas na Itália e à convicção de que um artista deve permanecer distante da política.

Em seu ensaio de 1959, *Il mare dell'oggettività* ("O Mar da Objetividade"), Calvino buscava uma resposta para o dilema de ser um artista e, ao mesmo tempo, um indivíduo comprometido e preocupado: "De uma cultura baseada na relação e contraste entre dois limites (por um lado a consciência, vontade e julgamento do indivíduo; por outro lado, o mundo objetivo), passamos agora para uma cultura em que o primeiro limite está submerso pelo mar da objetividade, pelo fluxo ininterrupto do que existe." Ele estava se referindo às mudanças que ocorrem nas artes, quando a objetividade afoga o indivíduo.

Esse afastamento político é expresso em suas novelas satíricas e alegóricas, no entanto, destaca-se também no notavelmente realista *La giornata d'uno scrutatore*, 1963 ("O dia de um escrutinador"). Essa novela curta narra o dia de um mesário encarregado de recolher os votos em um asilo para deficientes mentais, baseada em uma experiência que o autor teve quando atuou como mesário de uma tradicional instituição italiana desta natureza, após conhecer a realidade eleitoral do recinto quando foi candidato a deputado pelo Partido Comunista. Nessa curta novela, o escrutinador desiludido reflete: "A moralidade impele a agir; mas e se a ação for inútil?"

Os livros de Calvino, sem separação por fases, se alternam entre as ficções mais fantasiosas e relatos de um realismo bruto. Em 1979, Calvino publica *Se una notre d'inverno un viaggiatore* ("Se um Viajante numa Noite de Inverno"), um jogo literário autorreferencial como nos labirintos recursivos de Borges. Um leitor e uma leitora partem para ler um novo romance de Calvino; sua tarefa é constantemente interrompida na medida em que são manobrados, quase perversamente, para ler dez romances inacabados escritos por autores diferentes.

Em 1980, Calvino se estabeleceu em Roma, onde intensificou sua colaboração com o jornal *La Repubblica*. Também nesse ano é publicada sua primeira grande coletânea de ensaios: *"Una pietra sopra: Discorsi di letteratura e società."*

Em 19 de setembro de 1985, Calvino morreu em um hospital em Siena devido aos efeitos de um derrame sofrido doze dias antes. Tinha quase sessenta e dois anos e estava prestes a ministrar, na Universidade de Harvard, as *"Charles Eliot Norton Lectures"*. Embora a última das seis palestras projetadas nunca tenha sido concluída, cinco foram publicadas postumamente em 1988 sob o título *Six Memos for the Next Millennium* ("Seis propostas para o próximo milênio"). Não foi apenas a Itália que perdeu a criatividade e o talento de Calvino, mas o mundo todo.

*Ao longo de sua carreira, Calvino desafiou com seu virtuosismo e seus personagens fantásticos o mal-estar da vida cotidiana em um mundo moderno e desumano. Ele era um buscador de conhecimento, um visionário em um mundo sublime e absurdo. Buscava apreender todo o universo, um senso cósmico de harmonia e tranquilidade interior, para si mesmo e para seus leitores, por meio de uma interação contínua entre fantasia e realidade.*

## UM CAMINHO NEORREALISTA

A Itália do pós-guerra foi extraordinariamente rica em filmes realistas, imaginativos e corajosos que trouxeram um filme urgente, necessário e que permitiu uma melhor compreensão do país e de seus problemas. Grandes filmes de Roberto Rossellini, Vittorio De Sica e Luchino Visconti foram categorizados como neorrealistas porque sua principal característica era a representação da vida em sua realidade imediata. Os filmes, com claro compromisso social e político, representavam situações realistas na Itália contemporânea. Eram filmados em locações, em cenários populares, com atores não profissionais que, muitas vezes, falavam seu dialeto local em vez do italiano padrão. Tinham uma qualidade documental que expunha uma mensagem de solidariedade humana fundamental, fomentada pela Resistência antifascista.

Da mesma forma, na literatura, os motivos convincentes que levaram os autores neorrealistas italianos a escrever foram uma profunda necessidade e obrigação de apresentar de forma realista seus testemunhos narrativos da guerra recente e suas consequências calamitosas.

No entanto, o neorrealismo não foi um movimento bem definido. Tratava-se mais de um encontro de diferentes personalidades artísticas com várias aspirações em comum. Uma substituição de narrativas literárias anteriores por outras com valores democráticos, sociais e históricos, tendo por temas as pessoas e os acontecimentos da história recente, envolvendo trabalhadores, fazendeiros, guerrilheiros e citadinos em suas lutas pela sobrevivência. Com uma linguagem nova e prática, sem a estética tradicional, e em alguns casos o próprio dialeto.

O neorrealismo não tinha limitações formais, estruturais ou temáticas. O objetivo era testemunhar os males do fascismo, a conflagração que praticamente destruiu o país. Os escritores neorrealistas italianos tinham em comum o desgosto pelo vazio moral predominante na cultura e retórica fascistas. Relatavam suas experiências sob a tirania do fascismo e promoviam a ideia de uma sociedade reformada, com uma linguagem simples, sem preocupação com padrões estéticos literários.

## PROSA FANTÁSTICA E REALISTA

A arte de escrever contos consiste na capacidade de extrair o resto da vida do nada que se compreendeu dela, mas a vida recomeça no final da página quando se percebe que não sabia nada.

O escritor italiano Elio Vittorini (1908–1966) caracterizou a obra de Calvino como "realismo com timbre de conto de fadas" e "conto de fadas com timbre realista".

Calvino desviou-se do realismo em favor de um reino mais fabuloso, mas seria isto uma evasão? Sobre Ariosto (1474–1533), maior poeta italiano do romance de cavalaria, seu poeta favorito, dizia que este nos ensinou como "a inteligência vive acima de toda fantasia, ironia e precisão da forma". Nenhum desses atributos é um fim em si mesmo, mas fazem parte de uma concepção do mundo que sublinha a virtude e os vícios humanos.

Enquanto o Odisseu de Homero existe, apesar da inexistência proclamada pelo seu nome, o herói de Calvino em *O Cavaleiro*

*Inexistente*, Agilulfo, não existe. Ele é apenas uma armadura branca brilhante, sem nada dentro. Existe apenas por causa do que o autor chama de "inexistência dotada de autoconsciência e força de vontade". Escrito e publicado em 1959, o cavaleiro simboliza para o autor o homem artificial, o "homem robotizado" contemporâneo. Segundo Kierkegaard, o cavaleiro não existe porque lhe falta o essencial: "O indivíduo existente é antes de tudo aquele que está em uma relação infinita consigo mesmo e tem um interesse infinito por si mesmo e por seu destino."

Em uma passagem, quando o imperador pergunta a Agilulfo, vestido inteiramente de armadura branca, porque ele não levanta a viseira e mostra o rosto, responde: "Senhor, porque eu não existo!" Olhando para dentro do capacete do cavaleiro e vendo que de fato está vazio, o imperador pergunta: "E como você faz o seu trabalho, então, se você não existe?" Agilulfo responde: "Por força de vontade... e fé em nossa causa sagrada!" (6-7). Embora o valente cavaleiro não possa comer, beber, dormir nem coçar (porque "não tem onde se coçar"), torna-se o guerreiro mais valoroso e zeloso no conflito dos cristãos contra os sarracenos, e "sem necessidade de existir". Essa mentalidade é uma codificação precisa dos valores cavalheirescos e militares que o cercam.

Agilulfo tem um escudeiro: Gurdulú (que também tem muitos nomes que mudam de acordo com a época e o lugar). "É um homem sem nome e com todos os nomes possíveis." Ele é apenas uma pessoa que existe e não percebe que existe. O escudeiro, parecido com o indivíduo contemporâneo, significa "identificação completa com o mundo objetivo". Perdeu sua singularidade.

É incapaz de discriminar e tornou-se um peão a ser jogado pelo sistema.

Ironicamente, temos por um lado Agilulfo, o indivíduo inexistente mas consciente, e por outro lado, Gurdulú existente, mas inconsciente, em um robô mecânico. Ao escudeiro falta qualquer senso de proporção ou propriedade. Expressa o instinto incivilizado e animal, sem autoconsciência, confundindo-se com a realidade externa. Eles são, entretanto, complementares um do outro, como Dom Quixote e Sancho Pança são para Miguel de Cervantes: uma combinação do realismo do escudeiro e do idealismo do cavaleiro, que representa o homem completo, dando ao romance uma universalidade.

Ao longo de *O Cavaleiro Inexistente*, a narradora constantemente adverte o leitor de que ela não é confiável, que seu conhecimento dos eventos é limitado às suas próprias observações pessoais, que tem que confiar em outras fontes não confiáveis, ou que o que ela registra é invenção. Calvino reconhece o artifício de toda escrita e brinca com isso, desmascara a teoria de que a linguagem é um meio pelo qual o leitor apreende uma verdade ou realidade sólida e unificada. Calvino convence o leitor a aceitar a realidade, a existência do cavaleiro inexistente e então, subvertendo outras partes do conto, faz o leitor acreditar na grande invenção, mas duvidar das pequenas, especialmente das que se referem à narradora (amazona, freira).

Para Calvino, a arte de escrever contos consiste na "capacidade de extrair o resto da vida do nada que dela se compreendeu, mas a vida recomeça no final da página quando se percebe que nada se sabia". Sente-se compelido a escrever contos porque, como diz um personagem, "é bom para a alma, que é salvação e penitência, e uma maneira de chegar à verdade". Parece que, para ele, a escrita, quando usada com sabedoria, tem qualidades curativas; quando usada de maneira imprudente, funciona como um veneno.

## UM MOSAICO CÓSMICO E CÔMICO

> *"O que me interessa é todo o mosaico em que o homem está inserido, o jogo das relações, o desenho que emerge dos rabiscos no tapete. As histórias que escrevo entram no cérebro humano, por meio de uma combinação de signos elaborados pelas culturas humanas que vieram antes de mim."*

Em 1964, Calvino mudou-se para Paris, onde intensificou seus contatos com as últimas tendências literárias inovadoras, movimentos e ideias experimentais, estimulado por um interesse em teorias genéticas, astronômicas e cosmológicas. Calvino foi inspirado a criar um gênero intrigante de narrativas fantásticas na Itália: *Le Cosmicomiche* (1965), *Ti con zero* (1967) e *La memoria del mondo e altre storie cosmicomiche* (1968), apresentadas em escala humana, irônica, cômica, mas desanimadora.

A antinovela (*nouveau Roman*), repudiando as convenções estabelecidas de personagem e enredo, caracterizou-se pela experimentação, por uma concentração rigorosa na descrição exterior de objetos e eventos sem julgamentos sociais ou éticos.

A teoria estruturalista sustentava que o uso de signos culturalmente interconectados poderia reconstruir sistemas de relações, mas que nenhum elemento isolado teria significado, exceto como parte de uma conexão estrutural. Isso foi experimentado por Calvino na série de contos da Cosmicômica e em escritos posteriores, como *As Cidades Invisíveis* e *Se um Viajante numa Noite de Inverno*.

Calvino parodiou a consciência do homem de viver *in una civiltà segnica* (uma civilização dominada pelos signos). Afirmou que, como escritor, não se sentia atraído pela psicologia, nem pela análise das emoções, tampouco pela introspecção. Mas estava convencido de que novos horizontes estavam se abrindo, "não menos amplos do que aqueles dominados por personagens com personalidades bem definidas, ou aqueles que exploram as profundezas da mente humana".

Como outros escritores, Calvino era fascinado pela lua, tanto do ponto de vista científico quanto poético. Giacomo Leopardi (1798–1837), ensaísta, filólogo, expoente da poesia italiana e um dos favoritos de Calvino, se voltava frequentemente para a lua e para o espaço cósmico para arrancar o segredo da vida e a razão do sofrimento do homem.

Calvino identificou-se com a atração leopardiana pela lua. Ficou impressionado com o fato de o poeta, quando tinha apenas quinze anos, ter escrito uma História da Astronomia muito erudita, na qual, entre outras questões, resumia as teorias de Newton. Não é surpreendente, portanto, que Calvino tenha escrito quatro contos cósmicos sobre a lua: *"La molle Luna"*, *"Le figlie della Luna"*, *"La distanza della Luna"* e *"La Luna come un fungo"*.

## COMBINAÇÃO DE POSSIBILIDADES NARRATIVAS

> *"Uma vez desmontado e remontado o processo de composição literária, o momento decisivo da vida literária será o da leitura."*

Calvino analisa questões enfrentadas pelos escritores de ficção moderna. Qual é o papel do leitor e quão importante é o autor quando o texto é considerado? Como a narrativa deve ser analisada e como é construída? Até que ponto o texto oferece combinações de possibilidades interpretativas? No centro desses questionamentos, estava a noção de que a relação entre palavras (significantes) e ideias quando as palavras são usadas (significados) é vaga e circunstancial. Essa incerteza cria um jogo de linguagem o qual os leitores são compelidos a enfrentar. Desta forma, o significado, que não é constante nem preciso, deve ser encontrado não nas palavras, mas entre as palavras; não nas coisas, mas entre as coisas. O sentido resulta de relações diferenciais, de relações significantes. Signos, coisas e ideias são significativos apenas em relação uns aos outros, porque na linguagem há apenas diferença.

Calvino simpatizava com aqueles que expressavam que o ato de escrever não era mais narrar, mas dizer que se narra, o que ecoava as ideias de Roland Barthes relativas ao novo papel da escrita. Calvino sentiu que a literatura é um sistema de códigos autocontido, que chama a atenção do leitor para esses códigos e revela como eles funcionam.

Segundo Barthes, para alguns escritores, o ato de escrever é transitivo porque leva a outras coisas. Mas há também outro tipo de autor — como Borges e Calvino — para quem o ato é intransitivo, ou seja, quando a preocupação central do escritor não é nos levar por meio de sua escrita para um mundo além dele, mas produzir a escrita. Barthes faz uma distinção entre escritor e autor. O primeiro escreve alguma coisa e o segundo escreve não somente para nos levar além de sua escrita, mas para chamar nossa atenção para a própria atividade.

Essas noções estruturalistas barthesianas levaram Calvino a vislumbrar um computador capaz de criar o texto literário perfeito:

A verdadeira máquina da literatura será aquela que sente por si mesma a necessidade de produzir desordem, como reação à sua precedente produção de ordem: uma máquina que produzirá obras de vanguarda para liberar seus circuitos quando forem sufocados por uma longa produção de classicismo. Nada nos impede de antever uma máquina literária que se sinta insatisfeita com seu próprio tradicionalismo e passe a propor novas formas de escrita, transformando seus próprios códigos.

Embora confiando às máquinas a literatura, esta continuará tendo um lugar privilegiado na consciência humana, uma forma de exercitar as potencialidades contidas no sistema de signos pertencentes a todas as sociedades em todos os tempos. A obra continuará a nascer, a ser julgada, a ser destruída ou constantemente renovada ao contato com o leitor.

É preciso aprender a desmontar e montar o que Calvino considera a mais complexa e imprevisível de todas as máquinas: a linguagem. A passagem do significante ao significado impõe um estado de perda e desconforto, acionando aspectos históricos, culturais e psicológicos, seus gostos, valores, memórias.

Os escritos de Calvino na década de 1970, destacando-se *Cidades Invisíveis* (1972) e *Se um Viajante numa Noite de Inverno* (1979), refletem a centralidade do texto em relação ao autor e à primazia do leitor.

Calvino, muito influenciado pelo *Zeitgeist* dos jogos narrativos, demonstra nessas obras uma infinita variedade de formas que podem ser reduzidas à combinação de certas quantidades finitas. A luta da literatura é fugir dos limites da linguagem. A do leitor interativo, é garantir que a literatura exerça sua força crítica, independentemente das intenções do autor.

> *Ele reconhece a participação criativa do leitor no que lê, bem como seu papel explicativo. Assim como Borges, pode-se dizer que ele conclui que o leitor, mais do que o escritor, é o verdadeiro autor dos livros. O autor é substituível, o leitor não. Calvino está convencido de que um texto narrativo é reescrito cada vez que é lido e que uma literatura difere de outra, passada ou futura, menos pelo texto do que pela forma como é lida.*

Calvino já havia explorado o jogo combinatório de possibilidades narrativas em *O Cavaleiro Inexistente* e em seus contos cósmicos, onde brincava com a autorreferência do texto e com os artifícios que fazem com que este se comente e se torne seu próprio sujeito. Ele disse que a última grande invenção de um novo gênero literário havia sido realizada por Jorge Luis Borges. Foi a invenção de si mesmo como narrador. A ideia que veio a Borges foi fingir que o livro que ele queria escrever já havia sido escrito por outra pessoa, um autor hipotético, mesmo de uma língua ou cultura diferente.

Calvino, assim como Derrida, sentiu que nenhum texto é estável e que todos os textos são assombrados por aporia autorreferencial e aberturas intertextuais.

A necessidade básica de comunicar suas histórias inspira os narradores a utilizarem um sistema de signos semelhante à linguagem. Assim como as cartas do tarô, são as peças de um mosaico de cartas e sua sequência que criam o contexto e a história dos viajantes. Cada carta é lida de forma diferente pelos diversos narradores, inclusive pelo próprio autor.

## CALVINO COMO INSPIRAÇÃO PARA UMBERTO ECO

A obra de Umberto Eco, "Seis Passeios pelos Bosques da Ficção", que se originou das conferências preparadas e pronunciadas na Universidade de Harvard, em 1993, teve como mote inspirador as "Seis Propostas para o Próximo Milênio" (em italiano: "*Lezione americane — Sei proposte per il prossimo millenio*"), de

1988, de Italo Calvino que faleceu antes de terminar a redação da sexta e última proposta.

Esse trabalho de Eco interessa tanto à literatura quanto à comunicação, por abordar a natureza das narrativas, sejam estas ficcionais ou não. Ele homenageia Calvino não apenas com a menção à obra, mas também quando ressalta a proximidade entre os dois autores, referente às discussões sobre narrativas. Exemplifica com a obra escrita por Calvino.

No livro *Se um Viajante numa Noite de Inverno*, a metalinguagem promove a discussão da relação entre autor, leitor e obra. É especialmente sobre essa relação que Eco explora em suas seis conferências. O bosque serve como metáfora para designar a narrativa. Homenageia também Jorge Luis Borges, mencionado pelo conto *O Jardim dos Caminhos que se Bifurcam*, do livro *Ficções*.

Conforme artigo *Contribuições de Umberto Eco à Comunicação*, publicado na Comtempo (revista eletrônica da pós-graduação da Cásper Líbero), Eco demonstra que uma narrativa se compõe por caminhos que se entrelaçam e caminhar por esses caminhos é um processo de múltiplas escolhas para o leitor. Os limites entre a ficção e a verdade, os papéis do autor e do leitor, as personagens reais e fictícias são discutidas por meio da análise de textos clássicos, notícias, cinema e da obra do próprio Eco.

A rapidez, uma das propostas de Calvino para a literatura, é defendida por Eco, ao dizer:

*Qualquer narrativa de ficção é necessária e fatalmente rápida porque, ao construir um mundo que inclui uma multiplicidade de acontecimentos e de personagens, não pode dizer tudo sobre esse mundo. Alude a esse mundo e pede ao leitor que preencha uma série de lacunas. Afinal, todo texto é uma máquina preguiçosa, pedindo ao leitor que faça uma parte do seu trabalho.*

Ainda que considere as narrativas lentas e reconheça a sua importância, defende a rapidez a partir da construção de textos que sugerem, e não explicitam os detalhes narrativos. As lacunas seriam um jogo com o leitor, que deve completar o texto narrativo, com suas próprias referências. A título de exemplo, menciona *A Metamorfose* de Kafka, com o seguinte início: "Certa manhã, ao despertar de sonhos agitados, Gregor Samsa se viu transformado num inseto gigantesco." O leitor não sabe porque razão, como e a partir de que elementos a metamorfose se realiza. A beleza e o mistério do texto de Kafka reside nas lacunas, que acionam a imaginação do leitor.

O artigo citado destaca que os jogos de leitura entre leitor e autor se dão em diferentes níveis, de vários formatos, com diferentes níveis de complexidade. Deixam disponíveis as regras e amplificam ou diminuem a dificuldade do jogo. Jogos narrativos entre autor e leitor são compatíveis com os jogos comunicacionais de nosso cotidiano, de cumprimentos informais até cerimônias sociais, relações corporativas e discursos acadêmicos.

Cabe portanto ao leitor selecionar os filtros que determinarão a trilha em seu bosque da narrativa, sendo capaz de acompanhar as migalhas deixadas pelo autor, em textos abertos a múltiplos pontos de vista.

## SOBRE *SE UM VIAJANTE NUMA NOITE DE INVERNO*

Comentário de Calvino sobre Jorge Luis Borges: "Eu amo o trabalho dele [de Borges] porque cada uma de suas peças contém um modelo do universo ou de um atributo do universo: o infinito, o inumerável, o tempo eterno ou presente ou cíclico."

A concepção de infinitos universos nos quais todas as possibilidades se realizam em todas as combinações possíveis é uma das bases do que Calvino chama de "hiper-romance" e que colocou em prática quando escreveu *Se um Viajante numa Noite de Inverno*, em 1979. Segundo o autor, o objetivo era dar a essência do que é um romance, fornecendo-o de forma concentrada, em dez começos, onde cada começo se desenvolve de maneira diferente a partir de um núcleo comum, dentro de um quadro que determina e é determinado.

Esse experimento exitoso de narrativa combinatória é composto de doze capítulos numerados interpolados com dez romances (ou fragmentos) escritos por autores diferentes. Os capítulos numerados funcionam como moldura, enquanto a ação se desenrola em dois planos distintos, um externo e outro interno.

Esse romance é bastante autorreflexivo: um romance sobre romances. Calvino questiona com humor sua própria voz narrativa ao satirizar a ficção moderna, particularmente o discurso sobre a supremacia da leitura sobre a escrita. O autor reafirma, talvez em sua obra mais complicada, o que havia expressado: "desmontado e remontado o processo de composição literária, o momento decisivo da vida literária está fadado a ser o ato de leitura (...), qualquer texto escrito deve submeter-se à leitura, ato que tanto distorce quanto integra, cria e reflete."

O leitor se torna autor de um texto novo e diferente. Quando Calvino publicou a edição inglesa de seu romance em 1981, afirmou que sua intenção original era escrever "um livro em que o leitor não estaria lendo o texto de um romance, mas uma descrição do ato de ler em si".

Calvino incorpora o que Roland Barthes chama de écrivain, não de *scripteur*, que escreve de modo intransitivo e cuja preocupação é somente a própria atividade de escrever.

O leitor se torna também protagonista do romance que está lendo. Como distinguir entre leitor e narrador? O leitor real pode coincidir ou não com a pessoa abordada pelo narrador. Calvino integra realidades: a ação interna do texto com a ação externa do leitor. Isso lembra uma técnica dramática de Pirandello, como em *Seis personagens à procura de um autor*, na qual é feita uma distinção entre os atores que desempenham o papel de atores ensaiando uma peça e aqueles atores que desempenham o papel de personagens. Esses levam os espectadores, incluindo o diretor e os outros atores, a acreditar que estão vivendo personagens e não atores.

Enquanto Pirandello trata do mistério da criação dramática e da incapacidade dos personagens de se materializar no palco e apresentar um drama nunca escrito para eles, Calvino brinca com o processo de escrita e leitura. Como Pirandello, Calvino apresenta a passagem de pessoa (leitor) a personagem. Em *A Rosa Púrpura do Cairo*, filme de Woody Allen de 1985, duas realidades distintas se integram quando atores e público participam do que acontece no filme, em outro exemplo da estreita linha entre as realidades externas e internas, entre arte e vida.

## AINDA SOBRE *AS CIDADES INVISÍVEIS*

*As Cidades Invisíveis* é baseado no famoso livro de Marco Polo *Il Milione* (*As Viagens de Marco Polo*). Filho de um banqueiro veneziano, Polo passou cerca de vinte e cinco anos viajando e explorando o continente asiático e dezessete anos como embaixador de Kublai Khan, cujo império se estendia do Rio Amarelo na China às margens do Danúbio na Europa Oriental e da Sibéria ao Golfo Pérsico. Logo após seu retorno a Veneza em 1298, Polo foi capturado durante uma batalha naval pelos genoveses. Enquanto esteve no cativeiro, ditou suas aventuras para um companheiro de prisão que as escreveu. O livro, cujo título sugere aventuras inacreditáveis e emocionantes, forneceu ao leitor medieval uma descrição detalhada dos países asiáticos, cidades, paisagens, leis, religiões, costumes, rotas comerciais, comércio e, acima de tudo, um relato fascinante do Extremo Oriente, especialmente na China e na corte do imperador. O conteúdo era tão notável que os contemporâneos de Marco Polo acharam difícil de acreditar.

De fato, a primeira frase em *As Cidades Invisíveis* de Calvino indica que o protagonista-narrador ficcional de Marco Polo não é totalmente confiável:

> *Kublai Khan não acredita necessariamente em tudo o que Marco Polo diz quando descreve as cidades visitadas em suas expedições, mas o imperador dos tártaros continua ouvindo o jovem veneziano com maior atenção e*

*curiosidade do que mostra a qualquer outro mensageiro ou explorador dele.*

O romance de Calvino consiste das descrições de Polo das "cidades invisíveis" do império a Kublai Khan, que, por causa da idade avançada, havia desistido de controlar diretamente seu grande, decadente e incontrolável domínio. Os diálogos desses relatos são escritos em itálico que ocorrem cada vez que o veneziano retorna à corte de suas viagens como embaixador. O livro é dividido em nove capítulos, contendo diálogos e descrições das cidades. No primeiro e no último capítulo há dez cidades cada, e cada um dos sete capítulos intermediários apresenta cinco cidades. O livro é definido como uma aventura da mente, uma construção matemática. As cidades são habilmente agrupadas, com uma complexidade matemática e sutileza de modulação nas cinquenta e cinco narrativas descritivas.

Cada cidade carrega um misterioso nome feminino com ecos clássicos e orientais. Não está claro se essas existiram ou existem porque seu *locus* temporal e espacial está sempre na consciência fluida de Marco Polo. Ocupam cada vez mais a superfície da Terra, sem espaço intermediário entre os assentamentos urbanos em expansão. Para Kublai Khan, que se sente prisioneiro de sua situação, passado e futuro surgem de um presente inabitável, no qual todas as formas de sociedade humana atingiram um extremo de seu ciclo e não há como imaginar quais novas formas elas podem assumir.

*O imperador funciona como o leitor de um texto ao fazer perguntas, discutir, contradizer e tentar encontrar um padrão que lhe permitisse dar sentido às descrições imaginativas de Polo (ou seja, do escritor) sobre seu próprio império. A intenção de Calvino é abrir seu texto para o leitor da mesma forma que Marco Polo, o explorador, abriu o continente da Ásia para a sociedade europeia e para o próprio imperador.*

Como não há personagens nem enredos, tampouco eventos, mas apenas padrões atemporais nessas narrativas, o mundo externo à corte de Kublai Khan não pode viver ou se tornar visível, a não ser pelas conversas ou meditações que constituem o próprio texto.

O que emerge não é a narração verdadeira, mas a consciência narradora de Polo no processo de criação de imagens de inúmeras cidades da mente, uma *persona* funcional que é o sujeito da escrita. Essa *persona* narradora que se transforma em um discurso totalmente lírico e onírico.

O histórico Marco Polo descreve suas viagens que revelam, que tornam visível, um mundo até então relativamente desconhecido, invisível, para a cristandade ocidental. As cidades de Calvino, no entanto, são invisíveis em um sentido diferente, pois são imaginárias tanto para Marco Polo quanto para o imperador, que reconhece que o veneziano está apresentando a ele "uma viagem pela memória". Embora seus relatos sejam "precisos e detalhados", suas palavras e ações são apenas imaginadas. Na verdade, como o próprio Marco Polo revela, a cidade nunca deve ser "confundida com as palavras que a descrevem", mesmo que possa haver uma conexão entre estas.

Isso explica em parte o porquê Polo e Kublai se comunicam por meio de imagens mentais e não da linguagem tradicional, embora também façam uso da mímica, caretas, olhares, adereços e o jogo de xadrez com seu potencial de movimentos diferentes. Como reflete o imperador, "se cada cidade for como um jogo de xadrez, no dia em que eu tiver aprendido as regras, finalmente possuirei meu império, mesmo que nunca consiga conhecer todas as cidades que ele contém". O jogo que representa "a ordem invisível que sustenta as cidades" reflete também a melancolia do imperador por não conhecer todas as vastas posses que criou.

Ao longo dos diálogos, o jovem se esforça para ajudar seu mestre a compreender a "ordem invisível" que regula a existência humana, e ensiná-lo a dar um novo sentido à sua vida. Polo lhe mostra que existe um projeto básico, mas que é tão complicado que não pode ser entendido apenas pela lógica. A ordem invisível que rege nossa existência, assim como a das cidades, é como a lógica (ou ilógica) que dá ordem aos sonhos.

Ocorre com as cidades o que ocorre com os sonhos: tudo o que se pode imaginar pode ser sonhado. Mesmo o sonho mais inesperado esconde um desejo ou um medo. As cidades, como os sonhos, são feitas de desejos e medos, ainda que seu discurso seja secreto, suas regras sejam absurdas, sua perspectiva seja enganosa.

Pode-se argumentar que o romance de Calvino é apenas nominalmente sobre uma cidade, Veneza, e as cidades invisíveis representam vários níveis do irreal. Ao ser instruído a iniciar cada conto com uma descrição completa de Veneza, Polo responde que tem medo de perdê-la toda de uma vez se falar dela, e que talvez ao falar de outras cidades ele "já a tenha perdido, pouco a pouco". Calvino indica que o pensamento e a razão destroem a realidade no momento mesmo de pensar.

O título *As Cidades Invisíveis* pode ter sido parcialmente inspirado no prólogo de *As Viagens de Marco Polo*, no qual Polo afirma que seu relato é um registro de todas as coisas que viu e ouviu por relato verdadeiro, para que outros que não as viram possam aprendê-los nesse livro.

Ao contrário da filosofia aristotélica, que se preocupa principalmente com o universo visível, o platonismo (na noção de ideal) está interessado principalmente no mundo invisível. Em sua filosofia idealista, Platão distingue entre o real ontológico e o existente real. Segundo esse filósofo, o mundo da experiência (o mundo fenomenal) é uma sombra imperfeita do mundo ideal real e permanente: o ontológico. Platão supunha que a realidade ontológica era superior ao mundo fenomenal porque este último consiste em matéria e está restrito a limitações de tempo e espaço. O primeiro, no entanto, transcende o espaço e o tempo e está livre de todas as restrições. O ontológico vai além do mundo fenomenal composto de experiências sensoriais e revela a realidade que consiste em um mundo ideal do qual o mundo da experiência fenomenal é apenas uma imitação. Ao contrário do mundo fenomenal que é percebido pelos sentidos e é tangível, o ideal é intangível e criado pela mente, também é duradouro, perfeito e imutável.

Assim, a distinção entre o ideal platônico e o fenomenal explica por que Calvino optou por tornar as cidades concebidas nas mentes de Marco Polo e de Kublai Khan sensorialmente invisíveis, ou seja, ontológicas. Veneza, a cidade preexistente, é a cidade ontologicamente ideal. De fato, sempre que Polo fala de todas as outras cidades, ele apenas apresenta sombras, imagens ou réplicas de sua cidade. Para o veneziano, a cidade modelo da qual deduz todas as outras é uma cidade feita de "exceções, exclusões, incongruências, contradições". Se tal cidade é muito improvável, Polo reduz o número de elementos anormais, o que aumenta a probabilidade de que a cidade realmente exista. Polo, ao subtrair exceções de seu modelo, em qualquer direção que seguir, chegará a uma das cidades que existem. Mas, sem forçar sua atuação além de certo limite, sob o risco de alcançar "cidades prováveis demais para serem reais".

Ao contrário dos filósofos amadores que amam as coisas belas concretas, mas têm apenas conhecimento relativo, o veneziano e o tártaro são filósofos no sentido platônico: amam a sabedoria, têm curiosidade de conhecer toda a verdade, exaltam a mente sobre a matéria. Ambos são capazes de distinguir entre a cópia e o real, entre o mundo material dos sentidos e um mundo supersensorial concebido pela razão e pela emoção. Para eles, as cidades materiais são impermanentes e passíveis de cair, enquanto o conceito de cidade ideal é um modelo eterno e imutável segundo o qual todas as outras cidades são criadas e organizadas.

O discurso platônico de Calvino também encontra ressonância no ensaio de Barthes "Da obra ao texto", no qual o crítico distingue entre uma obra literária e um texto. O primeiro é concreto, fixo e tem significado exato, enquanto o segundo tem uma pluralidade de significado. Assim, como texto literário, *As Cidades Invisíveis* de Calvino permanecem em estado de produção, não têm significados fixos e existem no movimento do discurso. Análogas a um texto, são vistas na própria atividade de leitura. Consequentemente, o sentido das cidades invisíveis não se encontra apenas nas palavras de Marco Polo, mas entre as palavras; não nas coisas, mas entre as coisas.

A princípio, as cidades são descritas de maneira positiva, mas gradualmente se tornam lugares de vício, decadência e de autodestruição desenfreada do homem. Isidora, o lugar dos "telescópios e violinos perfeitos", é a cidade dos sonhos de Polo com uma diferença: a cidade sonhada o continha quando jovem, mas ele chega lá na velhice para que "os desejos sejam já memórias". Zora, por outro lado, é uma cidade que uma vez vista não pode ser esquecida em todos os seus detalhes particulares. Seu segredo está na maneira como seu olhar percorre padrões que se sucedem como em "uma partitura musical onde nem uma nota pode ser alterada ou deslocada". Esta cidade inesquecível é como um "favo de mel em cujas celas cada um de nós pode colocar as coisas que deseja lembrar". Quando se visita a Maurília, é preciso examinar antigos postais que retratam a cidade como era antes de mudar. A cidade moderna não tem mais nenhuma semelhança com a cidade original. Em Eudóxia, com suas ruelas sinuosas, morros e ruas sem saída, os habitantes conservam um tapete que reflete a verdadeira forma da cidade. Inicialmente, a cidade parece diferente do tapete disposto em motivos simétricos cujos padrões se repetem ao longo de linhas retas e circulares, numa repetição que pode ser seguida ao longo da trama. Ao examinar atentamente, vamos nos convencendo de que cada lugar no tapete corresponde a um lugar na cidade e todas as coisas contidas na cidade estão incluídas no desenho. É fácil perder-se em Eudóxia, mas os habitantes encontram o seu caminho comparando a "ordem imóvel do tapete" com a sua própria imagem da cidade.

Há uma identificação metafórica entre as cidades invisíveis e a textura do tapete de Eudóxia, assim como a relação dos habitantes entre cidade e o tapete é paralela àquela entre leitor e texto. Em essência, o que Calvino demonstra que, assim como o tapete, um texto literário (ou uma linguagem) funciona como um tecido. Ao analisar os fios semelhantes e diferentes entrelaçados em diferentes padrões, obtém-se uma melhor compreensão de sua composição e estrutura. Analogamente, trechos bem definidos do romance estão perfeitamente entrelaçados, assim como os protagonistas. As próprias cidades imaginárias do Polo se entrelaçam para formar os vários padrões que sempre aludem a uma cidade ideal. A leitura é, portanto, uma atividade estruturante. Cada texto é seu próprio modelo, perseguido constantemente por códigos que são a fonte de seu sentido.

Um texto, como cada cidade, tem sentidos plurais porque envolve o leitor no processo de produção de sentido. O leitor é um participante que ao ler muda o texto. Na justaposição de planos alternativos, cuja alternância produz um texto, Calvino gera uma apreensão pela situação da cidade e um interesse pela potencialidade combinatória de texto narrativo.

Embora haja constantemente mudanças de linguagem, há também a mudança que não diz respeito às palavras, mas às coisas. Os sinais formam uma linguagem, mas muitas vezes não aquela que se conhece. Para perceber novas linguagens, é necessário se livrar das imagens que no passado anunciaram as coisas que se buscava. Não há linguagem sem engano.

Em Thekla, Polo aprende que a construção da cidade nunca para, "para que sua destruição não possa começar". Em Beersheba de três camadas, as pessoas acreditam que suspensa nos céus há outra Beersheba "onde as mais elevadas virtudes e sentimentos estão equilibrados". Se a cidade terrestre tomar o celestial como modelo, os dois se tornarão um. Eles também acreditam que há ainda um terceiro subterrâneo de Beersheba, "o receptáculo de tudo que é vil e indigno". Os habitantes hipócritas se esforçam constantemente para apagar da cidade visível todos os laços para a inferior.

Berenice, última de *As Cidades Invisíveis* de Calvino, consta de duas cidades: a dos injustos e a dos justos. No entanto, mesmo na cidade justa, uma "semente maligna" escondida fermenta em amargura. Consiste na certeza e no orgulho de ter razão, de ser mais justo do que outros. Uma cidade diferente e injusta está germinando secretamente dentro da cidade justa. Claramente, representa também a cidade moderna em expansão, uma sucessão de cidades diferentes, "alternadamente justas e injustas".

Mas Polo quer alertar o imperador de que todas as futuras Berenices já estão presentes, envoltas umas nas outras, confinadas, amontoadas, entrelaçadas como em um tapete.

Além das cidades imaginárias de Polo, o atlas do Grande Khan contém mapas de "terras prometidas visitadas em pensamento", mas ainda não descobertas ou fundadas.

Observa que as correntes do oceano estão nos levando para a cidade infernal. Marco Polo responde que o inferno já está aqui, onde vivemos todos os dias, que formamos estando juntos. No entanto, há duas saídas: aceitar o inferno e tornar-se tão parte dele que não podemos mais reconhecê-lo; ou aprender a reconhecer quem e o que, no meio do inferno, não é inferno, para que então se possa fazê-los resistir, dar-lhes espaço. A mensagem é que devemos estar constantemente vigilantes e apreensivos para vencer o mal das cidades modernas, preservar o que há de bom para garantir a sobrevivência.

Um ponto destacadamente notável sobre as cidades de Polo é que seus habitantes permanecem quase invisíveis. As crianças são praticamente omitidas, o que cria uma sensação cada vez maior de angústia, mau presságio e desolação. As pessoas são geralmente referidas como meros adereços cênicos e dados demográficos.

Isso é evidenciado em Chloe, onde todos são estranhos: "Ninguém cumprimenta ninguém, os olhos se travam por um segundo, depois se afastam, procurando outros olhos, sem parar (...) sem que uma palavra seja trocada, sem que um dedo toque em nada, quase sem um olho levantado."

Outros exemplos desse distanciamento são trazidos pelos habitantes de Baucis, que raramente se mostram, preferindo ver a cidade com lunetas e telescópios, "contemplando com fascínio sua própria ausência", e Irene, que só pode ser discernida espalhada na distância: "Irene é um nome para uma cidade distante e se você se aproximar, muda."

Esse sentimento de alienação e distanciamento foi caracterizado pelo escritor e crítico literário Cesare Cases (1920–2005) como o *"pathos* da distância". Cases destacou o núcleo vital da obra de Calvino, que vive na tensão entre a solidão da distância e a comunidade essencial, que é repugnantemente próxima e não confiável.

O *"pathos* da distância" entre os seres humanos, tão prevalente nas cidades de Marco Polo, é muito semelhante ao encontrado em, pelo menos, dois contos de Calvino: *A aventura de um soldado* (1949) e *A aventura de um leitor* (1958). Na primeira narrativa, um soldado faz sexo com uma viúva sentada ao lado dele em um vagão de trem sem trocar nenhuma palavra com a mulher. Na segunda história, Amedeo, leitor ávido, é absorvido por um romance grosso que está lendo na praia. Ele percebe uma mulher tomando sol não muito longe dele.

Eles se conhecem, mas suas conversas são interrompidas por períodos durante os quais Amedeo, estimulado por uma forte curiosidade para saber o que acontece a seguir no romance, retoma a leitura. Quando a mulher tira o maiô, ele não sabe se olha para ela, fingindo ler, ou se lê, fingindo olhar para ela. Mesmo enquanto faz amor, Amedeo tenta liberar uma mão para colocar o marcador na página certa, dividido entre o fascínio de ler sobre sexo e fazer sexo com uma mulher real. Ironicamente, para Freud, o ato de escrever tinha conotações sexuais significativas, mas, para Calvino, o ato de ler parece ser ainda mais forte.

Da mesma forma, o *"pathos* da distância" que distingue a interação dos personagens de Calvino é paralelo ao do próprio autor. Calvino acha necessário distanciar-se de seus personagens para melhor observá-los, mas no momento em que alcança essa distância, sente "remorso, nostalgia, uma deficiência ancestral" que o impedem de identificar-se plenamente com seus protagonistas e compartilhar suas aventuras existenciais.

As cidades refletem a doutrina e as práticas da sociedade que as cria e as mantém. Não são consideradas simplesmente como lugares de assentamento humano. Mesmo que as cidades sejam compostas de edifícios, estruturas, canais e cimento, Calvino não perde de vista a irreprimível humanidade do ser. As cidades e seus habitantes são invisíveis apenas para aqueles incapazes ou relutantes em ver além da superfície das coisas. São inenarráveis apenas para aqueles desprovidos de fantasia. Calvino vê a cidade como um símbolo complexo que lhe permite expressar a tensão entre uma racionalidade geométrica e o enredamento das vidas humanas.

As cidades sempre tiveram o simbolismo religioso e cósmico como uma realidade extraterrestre, refletindo um modelo mítico ou divino, alguns descendo do céu, outros tendo uma relação com o submundo. Mesmo na República de Platão, a cidade ideal tem seu protótipo celeste. De acordo com a tradição, Jerusalém não apenas deriva de um modelo celestial, mas também foi criada por Deus antes de ser construída pelos humanos. Em

*A Cidade de Deus*, de Santo Agostinho, a cidade é considerada apenas como uma comunidade de pessoas. Há uma clara contradição entre cidades terrestres e celestiais.

Da mesma forma, na época de Marco Polo, a cidade terrena era vista como desvinculada de seu modelo celeste. Durante a Idade Média, a cidade era vista como um lugar de tentação, devassidão, avareza e habitada até mesmo por criaturas infernais. Durante o Renascimento, no entanto, a cidade ideal passou a ser identificada, pelo menos parcialmente, com a cidade material. Veneza e Florença foram investidas de muitas virtudes utópicas.

Assim, o humanista, historiador, chanceler Leonardo Bruni (1370–1444) refere-se a Florença como uma cidade modelo de justiça, beleza, com instituições funcionais e racionais, com uma arquitetura em conformidade com a estrutura social e política da cidade. O povo da Renascença via a cidade como uma estrutura humana terrena e racional, não mais tendo qualquer ligação com um protótipo celeste. A preocupação era com os problemas da vida civil, com a justiça e a sabedoria funcionando de forma eficaz.

Apesar do planejamento urbano bem-intencionado, com o aumento drástico da população e os consequentes problemas sociais, econômicos e demográficos, a cidade voltou a ser vista como um lugar de vício, crime e ganância. A visão de uma cidade ideal não é mais válida para aqueles obrigados a suportar a decadência, o perigo, o barulho, as constantes mudanças. Como descrito em Eusapia, "não há mais como saber quem está vivo e quem está morto". É precisamente essa sensação de desespero e perda para a cidade mítica e virtuosa que atormenta Kublai

Khan e Marco Polo, num texto quase sem personagens, com habitantes sem nome.

A análise da cidade "invisível" ajuda o indivíduo, tornado "invisível" pela vida coletiva massificada, a ser "visível" novamente, ao rever a si mesmo.

No romance de Calvino nada é categórico, nada é nítido, tudo é contraditório. Quando Polo descreve uma ponte, pedra por pedra, e o imperador pergunta qual é a pedra que sustenta a ponte, ele explica: "A ponte não é sustentada por uma pedra ou outra, mas pela linha do arco que elas formam." Quando o imperador questiona "Por que você me fala das pedras? É apenas o arco que me importa", Polo responde: "Sem pedras não há arco." Claramente, apesar da sutil contradição, as pedras mencionadas por Polo representam as várias cidades, e a linha do arco a unidade do livro. Pedra e arco se relacionam com a leitura da narrativa, uma vez que *Cidades Invisíveis* é uma narrativa de uma narrativa, uma relação ambígua entre o narrador, seu personagem narrador (Marco Polo), complicado pelo nível contraditório imposto pelo interlocutor (Kublai Khan).

Põe-se em questionamento a própria função de narrar. Assim, o imperador e o leitor não obtêm uma resposta clara de Marco Polo, de Calvino. As pedras talvez sejam Veneza e o arco os métodos de leitura, com técnicas de estrutura tanto generativas quanto retrospectivas sobre produção literária.

*Calvino faz muitas perguntas e raramente fornece respostas. Ao falar dessa obra, o próprio autor o resumiu como um livro que oferece muito mais perguntas do que soluções, que discute e questiona, "que se deixa percorrer em diferentes direções e em camadas sobrepostas, que se molda de forma elaborada e acabada, mas que todo leitor pode desmontar e remontar, seguindo à deriva suas motivações, seus caprichos".*

As mudanças talvez estejam fora de controle. Nossas práticas e instituições, que defenderiam nossa existência social e moral, estão se rompendo, enquanto vivemos um sentimento de crise constante, sem identificar com clareza suas causas ou todos os seus efeitos.

As cidades e suas instituições devem ser consideradas principalmente por suas qualidades humanas e pela engenhosidade que as criou. Uma revelação apocalíptica no aviso de Calvino para que aprendamos a viver sem soluções, sem necessariamente sair do labirinto, valorizando o que não é inferno, guardando nossos poucos valores positivos remanescentes.

E isso quando mal conseguimos identificar o que é positivo ou não, sem ter certeza do que guardar ou proteger.

Numa entrevista em 1985, Calvino disse que *As Cidades Invisíveis* continua sendo o livro em que conseguiu dizer mais, porque concentrou todas as reflexões, experimentos e conjecturas em um único símbolo — a cidade — e porque construiu uma estrutura multifacetada em que cada texto está próximo dos outros, sem implicar lógica, sequência ou hierarquia. Uma rede na qual se pode seguir várias rotas e tirar conclusões múltiplas e ramificadas. Opinião respaldada, entre outros, por Gore Vidal, que reconhece o tema da multiplicidade e totalidade da narrativa.

A base lírica dessa obra é a busca por algo que não existe nem poderia existir, ou algo que foi e não pode mais ser.

Calvino tem preceitos sobre a "leveza", tanto na literatura quanto na vida. A gravidade da existência só pode ser suportada com leveza. O que muitos consideram ser a vitalidade dos tempos — barulho, agressividade, aceleração — pertence ao reino da morte.

No Antigo Testamento, na literatura cristã, no Inferno de Dante, o inferno tem sido tradicionalmente simbolizado como uma cidade má e lotada de gente. Calvino repercute profecias e preocupações do final do século XIX com o "metropolitanismo": uma nova civilização urbana, cujo problema do século XX será a cidade.

## CALVINO E O DISTANCIAMENTO

Italo Calvino continua sendo considerado o mais engenhoso, o mais inovador, o menos convencional e admirado escritor da Itália contemporânea. Escrevendo sobre os períodos turbulentos da guerra e do pós-guerra na Itália, ou ironicamente sobre os tempos medievais e recentes, ou detalhando a evolução do cosmos em suas fases pré-humanas, ele sempre se esforçou para dar sentido a todo o universo, buscar harmonia, apreender o sentido da existência e insistir em sua fé na humanidade, em um mundo de transcendência, respeito e amor tanto pela natureza quanto pela humanidade.

Em muitos de seus escritos, percebemos um distanciamento emocional, carecendo de *pathos* (a qualidade da arte que estimula nossas emoções: piedade, ternura, tristeza, alegria, amor, carinho) quando sentimentos e emoções são relegados a imagens mentais e aos sentidos físicos (audição, visão, olfato, paladar, tato).

Com relação à dicotomia "*pathos* versus logos", as narrativas de Calvino refletem de certo modo a oposição expressa por Friedrich Nietzsche em seu *Nascimento da Tragédia no Espírito da Música* (1872). Neste trabalho, o filósofo alemão chamou a atenção para a antítese entre Apolo e Dionísio como símbolos de visões extremas da arte e da vida. Ironicamente, de acordo com Derrida, o pensamento ocidental sempre foi moldado em termos de dicotomias ou polaridades: bem versus mal, ser versus nada, presença versus ausência etc. Apolo, o deus da paz, está associado ao lazer, ao repouso, e também com emoções estéticas e contemplação intelectual. Ele é conhecido como o deus da ordem lógica e da calma filosófica. O apolíneo é a base para todas as distinções analíticas.

Calvino muitas vezes está mais preocupado com a forma, ideias, jogos combinatórios, impulsos mentais, do que com as qualidades humanas de seus personagens. Mas são nossas emoções que fornecem uma resposta estética e dramática, que respondem à dimensão humana.

Há uma ausência deliberada de elementos psicológicos nos escritos de Calvino porque, como ele mesmo afirmou, não era atraído pela análise dos sentimentos ou pela introspecção, mas sim pelo "mosaico inteiro no qual o homem está inserido, o jogo das relações". Sua psicologia se reduz a algumas reações elementares: "gosto", "não gosto", "é feio", "me diverte", "enraivece". Quase não há sonhos porque Calvino recusa uma "literatura de testemunho interior, de choque íntimo, de confissão pessoal". Ele não participa de uma subjetividade característica de Proust, Joyce e Kafka, por exemplo. Atua em uma objetividade diferente e inquietante.

*Com esse distanciamento na narrativa de Calvino, não se encontram personagens prontos para confessar seu eu interior e nos permitir entrar em seu mundo privado. Esses personagens são constantemente subvertidos por um narrador distanciado que se compraz em perturbar e frustrar as expectativas do leitor.*

Provavelmente a personalidade de Calvino tenha contribuído para essa atitude. O autor era uma pessoa tímida e solitária, em parte porque falava com alguma dificuldade, embora fosse bastante aberto e simpático com sua família e amigos próximos. Sentia-se pouco à vontade e desajeitado na sociedade. Ele se absteve de revelar seus sentimentos e por várias vezes, falou de forma ambígua sobre seus escritos. Esperava, com razão, que seus leitores o conhecessem através de suas obras e nada mais. Era um homem de poucas palavras, mas que se explicava bastante bem por meio de suas obras.

Calvino expressou percepções arraigadas profundamente em nossa sociedade, sobretudo o isolamento do indivíduo da natureza e do nosso mundo tecnológico. No entanto, a alienação também é vista como uma força positiva para a mudança e como um requisito para a esperança. Um trabalho de imagens vivas, a fonte inesgotável e contínua de sua arte.

# REGISTROS FUGAZES

>>>>>>>> *Uma observação de Contardo Calligaris: "Os personagens de Antonioni só podem parecer pouco comunicativos aos olhos de uma cultura que confunda a verborragia com a comunicação, o falar com o dizer."*

*E comentando sobre o filme A Noite (1961): "Não é um drama da incomunicabilidade, é a reserva de quem, no amor, preserva o respeito pela complexidade do outro. (...) Qualquer casal, em crise ou não, que seja tentado pela ideia de sentar e 'discutir a relação' poderia (com bastante proveito) sentar e assistir à A Noite."*

>>>>>>>> *Antonioni e o notório aforismo de Wittgenstein com que o filósofo vienense termina seu Tractatus Logico-Philosoficus — "Sobre aquilo de que não se pode falar, deve-se calar":*

> *Para Antonioni, o amor é uma dessas coisas sobre as quais não se pode falar — deve-se calar porque o entendimento só se dá sem palavras; deve-se calar porque não há o que entender se não for sem palavras.*

> *Na perspectiva do pensamento de Wittgenstein expressa em "Investigações Filosóficas", a linguagem passa a ser entendida como uma prática humana, como forma de vida.*

> Os filmes de Antonioni falam da linguagem porque falam da existência humana.
> Em seus filmes, o homem confronta a si mesmo, na solidão de ser humano.

> Words like violence
> Break the silence
> Come crashing in
> Into my little world
> Painful to me
> Pierce right through me
> Can't you understand
> Oh my little girl
>
> All I ever wanted
> All I ever needed
> Is here in my arms
> Words are very unnecessary
> They can only do harm
>
> Depeche Mode — *Enjoy the silence*

*Comunicar a incomunicabilidade é um paradoxo: se a língua é alteridade, na medida em que pressupõe o outro, na medida em que só há língua porque há o outro, como poderia haver esse vão?*

*Para ser linguagem, é preciso não ser de um só. Entretanto, como me comunicar como o outro?*

*A linguagem pressupõe o outro e pressupõe o risco de ser mal-entendido pelo outro, o risco da incomunicabilidade. E esse seria o normal, o padrão, ainda que precise de outro para haver linguagem. A linguagem verbal é tida como o diferencial entre a espécie humana e as demais.*

*Paradoxalmente, se a incomunicabilidade é o padrão, o ser humano, refém de sua incomunicabilidade, estaria desumanizado.*

> *And in the naked light I saw*
> *Ten thousand people, maybe more*
> *People talking without speaking*
> *People hearing without listening*
>
> *People writing songs*
> *That voices never share*
> *And no one dare*
> *Disturb the sound of silence*
>
> Simon and Garfunkel —
> The Sound of Silence

> *Para explorar o paradoxo de "comunicar a incomunicabilidade", faz-se necessário entender que, antes de representar um triunfo da comunicação, é um reconhecimento do limite da linguagem. Não que haja um vão, um fosso para além do homem — o fosso está no homem.*

>>>>>>> *Em As Cidades Invisíveis, a respeito de Tecla (Thekla), uma das 55 cidades descritas no livro: "Por que a construção de Tecla se prolonga por tanto tempo?", pergunta Polo para seus habitantes, no que eles lhe respondem: "Para que não comece a destruição."*

>>>>>>> *Contemplam-se mudanças operadas na arquitetura da cidade, no urbanismo moderno, como um destino sobre o qual não temos qualquer poder de intervenção, de modo que só nos resta reconhecer a impossibilidade de se criar algo de sólido, que sobreviva às mudanças. Essa impossibilidade de conter a mudança também atinge as relações humanas.*

> "Em geral, chamamos de destino as asneiras que cometemos."
>
> — Arthur Schopenhauer

> Às vezes, converso com os homens como uma criança conversa com seus bonecos. Embora ela saiba que o boneco não a compreende, usando uma visão agradável e consciente, consegue divertir-se com a comunicação.
>
> — Arthur Schopenhauer

> "Se você falar com um homem numa linguagem que ele compreende, isso entra na cabeça dele. Se você falar com ele em sua própria linguagem, você atinge seu coração."
>
> — Nelson Mandela

>>>>>>> *A comunicação virtual aproxima quem está distante, mas distancia quem está próximo. Comunicação é sempre uma via de duas mãos. O problema é quando estamos na contramão.*

>>>>>>> *Não me ajeito com os padres, os críticos e os canudinhos de refresco: não há nada que substitua o sabor da comunicação direta.*

*Mario Quintana*

>>>>>>> *"Só depois que a tecnologia inventou o telégrafo, o telefone, a televisão, a internet, foi que se descobriu que o problema de comunicação mais sério era o de perto."*

*Millôr Fernandes*

>>>>>>> *Com o diferente, temos a oportunidade de aprendermos e evoluirmos com propostas distantes de nossa perspectiva.*

>>>>>>> *"Falar é uma necessidade, escutar é uma arte."*

*Johann Goethe*

>>>>>>> *A relação com a alteridade, nas mídias digitais, tem algo de paradoxal: o excesso de informações, longe da transparência, bloqueia boa parte da nossa visão com o outro, o que resulta em tomar a parte pelo todo, como em uma metonímia.*

*As informações online a respeito de alguém são facilmente confundidas com o "conhecimento" sobre o outro. Raramente avançamos além de uma impressão primeira sobre a alteridade.*

>>>>>>> *"Há pessoas que facilmente retiram o que disseram, como se retira uma espada do ventre do seu adversário."*

Jules Renard, escritor francês (1864–1910).

>>>>>>> *Paul Ricoeur (1913–2005), filósofo francês, desenvolveu sua teoria do texto destacando a efetuação da linguagem como discurso; a explicitação desse discurso como obra; a projeção dessa obra em um mundo (do texto), para sua própria compreensão. Dizia: "A identidade narrativa participa do movimento de uma história, da dialética entre ordem e desordem."*

>>>>>>> *Não pode haver uma totalidade da comunicação. Com efeito, a comunicação seria a verdade se ela fosse total.*

Paul Ricoeur

>>>>>>> *O filósofo russo Mikhail Bakhtin (1895–1975) aponta que a linguagem é um fenômeno social, histórico e ideológico. Nessa perspectiva, a linguagem possibilita a construção social da realidade e a interação entre sujeitos.*

>>>>>>> *Ainda segundo Bakhtin, todos os textos que produzimos, orais ou escritos, apresentam um conjunto de características relativamente estáveis, tenhamos ou não consciência destas. Essas características configuram diferentes gêneros textuais, que podem ser caracterizados por três aspectos básicos coexistentes: o assunto, a estrutura e o estilo (procedimentos recorrentes de linguagem).*

> *A língua é essencialmente dialógica, mas não restrita ao diálogo face a face. Há um diálogo interno da palavra, que é perpassada sempre pela palavra do outro. O que significa que qualquer pessoa, ao falar, considera a fala do outro, e que, portanto, essa fala está presente na sua.*

> *Buscar algum nível de pertencimento na empresa em que se ingressou demanda de um profissional o entendimento desse espaço como uma comunidade discursiva, as convenções básicas, os conceitos e os valores dos gêneros discursivos dessa comunidade.*

>>>>>>> *A Teoria da Ação Comunicativa, do conjunto da obra do sociólogo e filósofo alemão Jürgen Habermas, aborda o agir estratégico na dimensão do espaço da economia e da política, e a definição de cultura, sociabilidade e subjetividade como dimensões constituídas no espaço vivido.*

*Essa teoria fundamentada no conceito de ação referente à capacidade que os sujeitos sociais têm de interagirem intra e entre grupos, numa busca racional por seus objetivos que podem ser conhecidos pela observação do próprio agente da ação. Habermas compreende o ser humano em sociedade por meio de ações de natureza comunicativa, de intervenção no diálogo entre vários sujeitos.*

>>>>>>> *You tell me that silence*
*is nearer to peace than poems*
*but if for my gift*
*I brought you silence*
*(for I know silence)*
*you would say*
*This is not silence*
*this is another poem*
*and you would hand it back to me.*

Leonard Cohen — Gift

>>>>>>> "Poesia é a comunicação... a sós."

Mario Quintana

# BIBLIOGRAFIA

Berger, Peter; Luckmann, Thomas. *The Social Construction of Reality*. Anchor Books, 1967.

Bolman, Lee; Deal, Terence. *Modern Approaches to Understanding and Managing Organizations*. Jossey Bass, 1985.

Bourdieu, Pierre. *A Economia das Trocas Linguísticas*. Coleção Clássicos, 2008.

Brooks, Peter. *Psychoanalysis and Storytelling*. Wiley-Blackwell, 1994

Burke, Peter. *Uma História Social do Conhecimento*. Ed. Zahar, 2003.

Burke, Peter; Porter, Roy. *História Social da Linguagem*. Unesp, 1997.

Calvino, Italo. *As Cidades Invisíveis*. Companhia das Letras, 1990.

Calvino, Italo. *As Cidades Invisíveis*. Biblioteca Folha, 2003.

Calvino, Italo. *Punto Y Aparte: Ensayos Sobre Literatura Y Sociedad*. Ed. Siruela, 2013.

Corsani, Antonella. Elementos de uma ruptura: a hipótese do capitalismo cognitivo. In: Alexander Patez Galvão, Gerardo Silva e Giuseppe Cocco (orgs). *Capitalismo cognitivo — trabalho, redes e inovação*. DP&A, 2003.

Corsini, Leonora. *Linguagem, Individuação e Performatividade em Paolo Virno*. Liinc em Revista (publicação Ibicit), vol. 6, n.2, 2010.

De Fina, Anna; Georgakopoulou, Alexandra. *Analyzing Narrative: Discourse and Sociolinguistic Perspectives*. Cambridge University Press, 2012.

Deleuze, Gilles. *Imagem Tempo*. Editora Brasiliense, 1990.

Deleuze, Gilles. *Proust e os Signos*. Forense, 2003.

Deleuze, Gilles; Guattari, Felix. *Mil Platôs — Capitalismo e Esquizofrenia vol. 2*. Editora 34, 2005.

Fleury, Maria; Fischer, Rosa. *Cultura e Poder nas Organizações*. Ed. Atlas, 1996.

Gabriel, Yiannis. *Organizing and Organizations*. Sage Publications, 2009.

Gabriel, Yiannis. *Storytelling in Organizations — Facts, Fictions, Fantasies*. Oxford University Press, 2000.

Gardner, Howard. "*Leading Minds: An Anatomy of Leadership*", 1995.

Gorz, Andre. *Crítica da Divisão do Trabalho*. São Paulo: Martins Fontes, 2001.

Gorz, Andre. *O Imaterial: Conhecimento, Valor e Capital*. Annablume, 2005.

Horkheimer, Max & Adorno, Theodor. *Temas Básicos de Sociologia*. Cultrix, 1973.

Jung, Carl. *O Homem e Seus Símbolos*. HarperCollins, 2016.

Lasch, Christopher. *A Cultura do Narcisismo*. Rio de Janeiro, Imago, 1983.

Lazzarato, Maurizio; Negri, Antonio. *Trabalho Imaterial: Formas de Vida e Produção de Subjetividade*. DP&A, 2001.

Luhmann, Niklas. *Introduction to Systems Theory*. Polity Press, 2012.

Luhmann, Niklas. *Sistemas Sociais: Esboço de Uma Teoria Geral*. Ed. Vozes, 2012.

McLuhan, Marshall. *Os Meios de Comunicação Como Extensões do Homem*. Cultrix, 1969.

Merleau-Ponty, Maurice. *O Visível e o Invisível*. Editora Perspectiva, 2000.

Merleau-Ponty, Maurice. *Signos*. Martins Fontes, 2003.

Molon, Susana Inês. *Subjetividade e Constituição do Sujeito em Vygotsky*. Vozes, 2010.

Negri, Antonio. Infinitude da Comunicação — Finitude do desejo. In: André Parente (org.) Imagem Máquina. *A era das tecnologias do virtual*. Editora 34, 2004.

Negri, Antonio.; Hardt, Michael. Multitude. *War and Democracy in The Age of Empire*. Penguin Press, 2004.

Silva, Míriam C. C.; Martineze, M.; Santos, T. — *Contribuições de Umberto Eco à Comunicação* (Comtempo (revista eletrônica da pós-graduação da Cásper Líbero), vol. 8, nº 1, 2016).

Ricoeur, Paul. *Tempo e Narrativa — Tomo I*. WMF Martins Fontes, 2011.

Ricoeur, Paul. *Tempo e Narrativa vol. 2 — A Configuração do Tempo na Narrativa de Ficção*. WMF Martins Fontes, 2011.

Saussure, Ferdinand de. *Curso de Linguística Geral*. 32ª edição. São Paulo: Editora Cultrix, 2010.

Scharmer, Claus Otto. *Teoria U*. Alta Books, 2010.

Shafer, R. Murray. *O Ouvido Pensante*. Unesp, 1991.

Simmel, Georg. *Questões Fundamentais da Sociologia*. Editora Zahar, 2006.

Schein, Edgard. *Cultura Organizacional e Liderança*. Atlas, 2009.

Schein, Edgard. *The Role of The Founder in The Creation of Organizational Culture*. Cambridge, MIT, 1983.

Thyssen, Ole. *The Invisibility of the Organization*, ephemera 2005 vol. 5-3.

Virno, Paolo. *Gramática da Multidão: Para Uma Análise das Formas de Vida Contemporâneas*. Annablume, 2013.

Vygotsky, Lev. *A Construção do Pensamento e da Linguagem*. WMF Martins Fontes, 2009.

Weiss, B. *Understanding Italo Calvino*. University of South Carolina Press 1993).

Wood Jr., T. https://rae.fgv.br/rae/vol40-num1-2000/organizacoes-simbolismo-intensivo.

# ÍNDICE

**A**

aculturação 52
Adichie, Chimamanda 13
"alemão fiscal" 47
ambiente sônico 61
A Retórica (Aristóteles) 26
Aristóteles 26–29
  argumento persuasivo 27
  e a arte da persuasão 77
  e escravo 118
arquétipos 75
arte de contar histórias 83
As Cidades Invisíveis (Ítalo
     Calvino) 9, 134–184
  e storytelling 146–184
autoempreendedorismo 97

**B**

Barthes, Roland 25, 157–159
Basso, Keith 50
Berger, John 56–59
Berger, Peter L. 43
Bokar, Tierno 39

Bourdieu, Pierre 105
Bouwen, Griet 14
branding 89
Burke, Peter 55
business language. Ver inglês,
     business language

**C**

Calvino, Italo 9, 134–184, 180
  e seu discurso platônico 171
  hiper-romance 163
  morte 150–184
capital humano 92
capitalismo cognitivo 93–94
competência intercultural 113–114
comunicação 68–70, 116
  como forma de organizar o
     mundo 101
  emissor e receptor 69
  e sinais 69–71
  por meio de infográficos 81
comunicação C2C 89
comunicação de dados 81
conhecimento narrativo 21

constructo 17–18
crenças organizacionais 8, 12
cultura organizacional 44
  conceito 42
  e as formas de comunicação 4
  e narrativas organizacionais 12
  níveis de aprendizado 44–45

## D

deep listening 4, 57, 59
  presencing 60
Deleuze, Gilles 8
dimensão simbólica 42–43
discurso de cultura de massa 130–131

## E

economia do conhecimento 97
Eco, Umberto 160–184
  narrativas 161
empresa GIC 110–111
engajamento narrativo 88
era de ruptura digital 80
  e o poder das histórias 83
  recursos visuais que criam interesse 82
escrita
  e o saber 30
  nasce da oralidade 31
escuta
  generativa 59
  profunda 56–60, 104–105
    tipos 58–60
espaço das histórias 12–15
Esperanto 121–122
  homaranismo 122
etnografia da escrita 55

## F

fala, o poder da 3, 8
Fleury, Maria Tereza Leme 46
  ideias sobre família 46–47
fordismo 91, 95
  empresas fordistas 94

## G

Gardner, Howard 19
globalização 108–109
Globally Integrated Companies (GIC) 110
Gorz, André 92–93
griots 36–37
  e categorias 36–37
groupthink 13

## H

Hampâté Bâ, Amadou 29–32, 36–40
histórias 15, 74–75, 84–91
  boas e a confiança dos consumidores na marca 82
  digitais 85
  e construção de identidades 19
  e estágios de criação 88
  e expressões de emoções 19–20
  em dados 81
    recursos visuais que criam interesse 82
  e o poder na era digital 83
  e processos de mudança 19
  e redes sociais 89
  geradas por usuários versus profissionais 86
  inteligência artificial (IA) 85
  organizacionais 76

realidade virtual (RV) 85
transportação narrativa 84
versus narrativas 16
homaranismo. Ver Esperanto:
homaranismo

## I

ideias e discurso 12
identidade
coletiva 17–18
organizacional 18, 46
imagem acústica 71
imaterialidade 67–114
incerteza do futuro da
humanidade 141–184
individuação 98–99
individualismo 26
inglês, business language 121, 123
inteligência artificial (IA) 85
internacionalização de
mercados 120

## J

jeitinho brasileiro 127–128
jogos de leitura 162
Johnson, Steven 62
Jung, Carl 75
arquétipos 75

## K

Khan, Kublai (imperdador) 9
Kurosawa, Akira 16

## L

Lasch, Christopher 46
Lazzarato, Maurizio 92
lealdade linguista 52
"língua de serviço" 47

linguagem 43, 100
administrativa 47–48
como máquina 158
e discurso 12
e educação infantil 127
variedades 127
e interpretação 69
Luhmann, Niklas 68

## M

marca
e a arte de contar histórias 83
e confiança dos
consumidores 82
McLuhan, Marshall 63
mentira 34–35
Merleau-Ponty 99
metáforas 104
mito da família 47
mito de fábrica como família 46
mito do "herói" 45

## N

não realidade 130
narrativa
como aquilo em que
acreditamos 16
conceito 12, 15
de uma marca 15
do chão de fábrica 13
e transportação 84
oculta 4, 12
reconstrução das
organizações 4, 12
organizacional 8, 12
construída por gestores 12
versus história 16
Negri, Antonio 91, 101
neorrealismo 151–155

objetivo 152
notação 63
  e sistemas gráficos 63–64

## O

orador 28
oralidade 29–40
  na tradição africana 31–36
organização 8
  característica de invisibilidade 70–71
  como comunicação 9
  como sistema social 68
  e autodescrição 72
  e contexto social 12
  e diferentes ideias e crenças 13
  e gerencia de imaterialidade 70
  e histórias oficiais 76
  e identidades coletivas 17–18
  e imagem de uma "grande família" 46
  e retórica 77
  e sua descrição oficial 73
  feita de comunicação 68
  heróis organizacionais, mito 45–46
  histórias organizacionais 76
  identidade organizacional 18
  incapaz de controlar os padrões de significado 72
  representada pela narrativa 12
  retórica organizacional 27
  se compõe de eventos 74

## P

paisagem sonora 61
persuasão 28
  narrativa 86

Platão 169
poder da palavra 34
  e a mentira 34–35
poder midiático 129–130
Polo, Marco 9, 134–184
  pathos da distância 175
presencing 60
processo de significação 20
pseudoeventos 130

## R

realidade virtual (RV) 85, 90
retórica 26–29, 77–81
  dos gestores 77–79
  e organização 77
  externa e interna 27
  organizacional 27
    externa e interna 27
Ricoeur, Paul 72, 74

## S

saber ouvir, a importância de 57
Schafer, R. Murray 61, 63–64
Scharmer, Otto 58–59
Schein, Edgar 44
significado 71
  de uma obra de arte 25
significante 71
signos linguísticos 43, 142–184
  como são formados 71
simbolismo 42
sinais, comunicação 69
socioleto 125
storytelling 4, 8, 18–26, 56
  com filtro 24–27
  organizacional 21
Swart, Chené 14

## T

taylorismo 95
teoria estruturalista 155
teoria retórica 27–28
texto 71–74
  características e a
     organização 72
  construção de um 72–73
  organizacional 73
trabalho imaterial 90–97
trabalho intelectual 120
  versus trabalho braçal 119
tradição
  conceito 37
  oral 33, 38–39
  origem 37
tradicionalistas 35–40
transportação narrativa 84, 87–88
  engajamento narrativo 88
  e seu efeito 84
    na publicidade 85

## U

U Theory (Otto Scharmer) 58

## V

Vico, Giambattista 78
Virno, Paolo 98–101
Vygotsky, Lev 100

## Z

Zamenhof, Lejzer Ludwik 121
zeitgeist 16

## Projetos corporativos e edições personalizadas
dentro da sua estratégia de negócio. Já pensou nisso?

**Coordenação de Eventos**
Viviane Paiva
viviane@altabooks.com.br

**Contato Comercial**
vendas.corporativas@altabooks.com.br

A Alta Books tem criado experiências incríveis no meio corporativo. Com a crescente implementação da educação corporativa nas empresas, o livro entra como uma importante fonte de conhecimento. Com atendimento personalizado, conseguimos identificar as principais necessidades, e criar uma seleção de livros que podem ser utilizados de diversas maneiras, como por exemplo, para fortalecer relacionamento com suas equipes/ seus clientes. Você já utilizou o livro para alguma ação estratégica na sua empresa?

Entre em contato com nosso time para entender melhor as possibilidades de personalização e incentivo ao desenvolvimento pessoal e profissional.

## PUBLIQUE SEU LIVRO

Publique seu livro com a Alta Books. Para mais informações envie um e-mail para: autoria@altabooks.com.br

/altabooks   /alta-books   /altabooks   /altabooks

## CONHEÇA OUTROS LIVROS DA ALTA BOOKS

Todas as imagens são meramente ilustrativas.

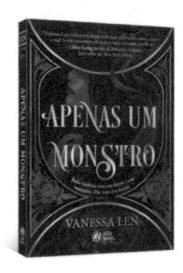